Schräder-Naef · Keine Zeit?

Regula Schräder-Naef

Keine Zeit?

Sinnvolle Zeiteinteilung im Alltag

PSYCHOLOGIE HEUTE
Ratgeber
verlegt bei Beltz

Regula Schräder-Naef, Jahrgang 1943, studierte Psychologie in Zürich und Richmond (USA). Sie ist wissenschaftliche Mitarbeiterin im Kultusministerium des Kantons Zürich; leitet Kurse über Lern- und Arbeitstechniken in der BRD und der Schweiz. Im Beltz Verlag veröffentlichte sie bereits: Lern- und Arbeitsmethoden in der Schule (Kopiervorlagen) 1977; Schüler lernen Lernen, 2. Auflage 1978; Rationeller Lernen lernen, 12. Auflage 1983 (103.–112. Tsd).

CIP-Kurztitelaufnahme der Deutschen Bibliothek:

Schräder-Naef, Regula D.:
Keine Zeit? : Sinnvolle Zeiteinteilung im Alltag /
Regula Schräder-Naef. [Karikaturen: Markus Olivieri]. –
2., überarb. Aufl. – Weinheim ; Basel : Beltz, 1987.
(Psychologie heute: Ratgeber)
ISBN 3-407-85079-4

1. Auflage 1984
2. überarbeitete Auflage 1987

Gestaltung des Umschlags: Peter J. Kahrl, Neustadt/Wied
Karikaturen: Markus Olivieri
Satz: Satzstudio Frohberg, Freigericht-Somborn
Druck und buchbinderische Verarbeitung: Druckhaus Beltz,
6944 Hemsbach
Printed in Germany

ISBN 3 407 85079 4

Inhaltsverzeichnis

Vorwort

Als ich vom Beltz Verlag gefragt wurde, ob ich ein Buch über Zeitprobleme schreiben würde, war meine erste Reaktion eher abwehrend. Ich stellte mir unter dem gewünschten ein weiteres Buch mit vielen detaillierten Stundenplänen und Techniken des Zeitsparens vor. Die mangelnde Kenntnis solcher Techniken ist aber meiner Meinung nach nur ein Teil des Problems. Die wichtigste Ursache liegt in der Grundeinstellung zur Zeit. Es gibt heute nur noch wenige Sklaventreiber, die ihre Leute gnadenlos hetzen, bis sie vor Erschöpfung zusammenbrechen. Wenn trotzdem viele Menschen Streß-Reaktionen zeigen oder ständig in Zeitnot sind, liegt die Peitsche vielleicht in ihnen selbst.

Je mehr ich darüber nachdachte, desto mehr fühlte ich mich selbst betroffen und desto wichtiger wurde mir dieses Buch. Ich kam zur Überzeugung, daß es um ein Grundproblem der Menschen in unserer Gesellschaft geht. Unsere Zufriedenheit oder Resignation hängt wesentlich davon ab, ob die Verwendung der Zeit mit unseren Zielen übereinstimmt.

Die Beziehung zur Zeit ist sehr persönlich. Das Buch stellt das Produkt meiner eigenen Bemühungen dar, damit ins Reine zu kommen. Viele Gespräche und Diskussionen haben mir aber gezeigt, wie wichtig dieses Problem für die meisten Menschen ist.

Ich danke Frau Mechthild Roggisch, Herrn Mark Romer und Herrn Ulrich Tschirner für ihre Anregungen und das Durchlesen des Manuskripts.

Regula Schräder-Naef

I. Die konfliktreiche Beziehung zur Zeit

Vorüberlegungen

Zeitkörbe und Luftballons

Die Zeit ist absolut gerecht verteilt. Jeder bekommt pro Stunde 60 Minuten, pro Tag 24 Stunden, ohne Abzüge, Kursschwankungen oder Währungsprobleme. Ungleich verteilt sind nur die Aufgaben, die freiwillig oder gezwungenermaßen übernommenen Arbeiten, Pflichten, Tätigkeiten und Beschäftigungen. Sie führen dazu, daß die 24 Stunden für die einen zu kurz und die andern zu lang sind.

Ein Bild dazu: Jeder hat einen Korb von gleicher Größe (die 24 Stunden des Tages). Der eine packt ihn übervoll (oder läßt ihn beladen); er kann ihn nur unter äußerster Anstrengung heben, ein Teil des Inhalts purzelt dabei regelmäßig wieder heraus. Ein anderer klagt auch über seinen vollen, schweren Korb – und merkt nicht, daß er viele Steine eingepackt hat und außerdem kreuz und quer liegende Pakete den Platz versperren. Der nächste Korb scheint nur gefüllt – er enthält hauptsächlich aufgepustete Luftballons. Ein vierter Korb ist fast leer.

Eine beliebte Quiz-Frage lautet: Was würden Sie auf eine einsame Insel mitnehmen? Ähnlich kann man fragen: was packen Sie in Ihren Zeitkorb? Gehen Sie von Ihren Grundbedürfnissen, von Ihren eigenen Zielvorstellungen aus?

Das Bild soll folgende Sachverhalte veranschaulichen:

- Die Zeit wird uns nicht nach Bedarf zugeteilt, sie läßt sich nicht dehnen.
- Es ist sinnlos, zuviel hineinzupacken: wir riskieren dabei erstens gesundheitliche Schäden und zweitens, daß gerade die

wichtigsten Dinge herausfallen und für den nächsten Tag erneut gepackt werden müssen. Besser ist es, eine sorgfältige Auswahl zu treffen.
- Es empfiehlt sich, regelmäßig zu prüfen, wieviele Steine (überflüssige Dinge) uns belasten, und ob die Packweise (die Arbeitstechniken) sinnvoll ist. Bei systematischem Vorgehen paßt wesentlich mehr hinein.
- Zu „Luftballons" greifen viele Leute, weil sie der Meinung sind, ihr Korb dürfe keinesfalls weniger voll aussehen als der anderer Leute. Zeit zu haben ist für viele gleichbedeutend mit „überflüssig", unbeliebt zu sein, nicht gebraucht zu werden.
- Für andere besteht das Problem darin, daß sie nichts zu tun haben, nicht wissen, wie sie ihren Korb füllen sollen.

Bücher, die sich mit der Planung und Einteilung der Zeit befassen, wenden sich in der Regel an den vielbeschäftigten Manager, der über seinen Terminen, Besprechungen, Störungen und Kleinkram keine Zeit mehr für die wichtigsten Aufgaben und für sein Privatleben findet. Probleme im Umgang mit der Zeit beschränken sich aber weder auf bestimmte Berufsgruppen noch auf die Berufstätigkeit überhaupt. Es geht ebenso um die Gestaltung des ganzen Tages, wobei sich die Ursachen aus dem Korbvergleich ergeben:

- Zuviele Aufgaben, Arbeiten oder auch Zerstreuungen, Ablenkungen
- Verschwendung der Zeit durch unsystematisches Vorgehen
- Künstliches Aufblähen einfacher Tätigkeiten
- Langeweile und Fehlen sinnvoller Beschäftigungen

Zeit – ein Problem?

Wie hoch schätzen Sie den Prozentsatz der Menschen in den Industrienationen, die mit der Verwendung ihrer Zeit zufrieden sind? 90 – 75 – 50 – 25 – 10%? Zwar gibt es meines Wissens dazu keine Umfrageergebnisse. Aber vermutlich stimmen die gefühlsmäßigen Schätzungen darin überein, daß die Menschen, die im Einklang mit ihrer Zeit leben, eine Minderheit darstellen.

Dafür gibt es viele Anzeichen:

Stop the World: Die Zahl der streßbedingten Erkrankungen nimmt zu. Auf der anderen Seite steigt aber auch das Bedürfnis „auszusteigen".

> „Nach einer Sendung des französischen Fernsehens, in der die Geschichte eines Mädchens erzählt wurde, das aus der Stadt aufs Land geflohen war, um dort eine Arbeit als Schafhirtin zu finden, liefen beim Landwirtschafts-Minister 70.000 Briefe ein: Jugendliche wollten es ihr nachmachen und baten um Information, wie sie das anstellen sollten."
>
> (Robert Jungk „Der Jahrtausendmensch", S. 392, zitiert in R. Wendorff, 1980)

Dieses Bedürfnis äußert sich in der Suche nach alternativen Lebensformen, z.B. dem Leben auf dem Land, oder dem Auswandern in ferne Länder, die noch nicht von unserer Zivilisation geprägt sind. Andere versuchen, der Zeit durch die Zuwendung zu östlichen Religionen, Mystik, Meditation oder durch den Konsum von Drogen zu entfliehen.

Alle diese Anzeichen deuten darauf hin, daß eine Umorientierung stattfindet: Das Unbehagen mit der eigenen – bzw. der in den Industrienationen üblichen – Lebensweise, mit Hektik, Überstunden und völliger Verplanung steigt, die Frage, ob sich die Zeit nicht auch anders verwenden läßt, wird immer häufiger gestellt.

Zuviel Zeit? Ebenso wichtig ist diese Frage für die stetig steigende Zahl von Menschen, deren Zeitprobleme eine gegensätzliche Ursache haben: Noch nie hatte ein so großer Teil der Bevölkerung so viel freie Zeit zur Verfügung wie heute. In den letzten Jahrzehnten haben nicht nur die Wochenarbeitsstunden ständig ab- und die Urlaubs- und Feiertage zugenommen. Durch die Verlängerung der Ausbildungszeit und die Herabsetzung des Rentenalters wurde zudem die Lebensarbeitszeit im Vergleich zu früher wesentlich reduziert, während gleichzeitig die Lebenserwartung gestiegen ist.

> Werden die Arbeitszeiten pro Woche, pro Jahr und pro Zahl der Lebensjahre zu einem „Lebenszeitbudget" zusammengezählt und als Prozentsatz aller „Lebensstunden" gemessen, ergibt sich für die Bundesrepublik Deutschland knapp 14% – während er noch Mitte des 19. Jahrhunderts bei über 30% lag.
>
> (R. Wendorff, 1980)

Die Fähigkeit, die freie, d.h. nicht durch den Beruf bestimmte Zeit zu gestalten, wird somit immer wichtiger. Wir sind darauf aber nicht vorbereitet.

Wir haben alle nur eine, unsere eigene Zeit. Wenn unsere Beziehung zu dieser Zeit gestört ist, betrifft uns das deshalb sehr direkt. Unser Selbstgefühl hängt in hohem Maße davon ab, ob wir in Harmonie mit unserer Zeit leben oder ob wir sie nur „totschlagen" oder mit Tätigkeiten vertreiben, die uns nicht eigentlich wichtig erscheinen. Wir können zwar versuchen, uns durch ständige Betriebsamkeit dieser Erkenntnis zu verschließen – aber Unzufriedenheit und Selbstzweifel bleiben bestehen.

Was will dieses Buch?

Das Unbehagen über die eigene Tagesgestaltung ist zwar weit verbreitet, führt aber selten dazu, daß Anstrengungen zu ihrer Änderung unternommen werden.

Dazu sind zwei Schritte erforderlich: Das Erkennen der Probleme und ihrer Ursachen und sodann das Umsetzen dieser Erkenntnisse in Maßnahmen und Verhaltensweisen. Das Buch will bei beiden Etappen helfen. Es zeigt im ersten Teil verbreitete Zeitprobleme auf, untersucht die Ursachen dafür und ermöglicht dadurch eine Diagnose. Der zweite Teil geht von konkreten Situationen aus und bietet „Werkzeuge“, bewährte Instrumente zur Lösung verschiedener Zeitprobleme.

Das Buch will Ihnen helfen,
- sich über Ihre Zeitprobleme Klarheit zu verschaffen,
- Hetze und Streß abzubauen,
- zu erkennen, was Ihnen wichtig ist,
- eigene Ziele zu setzen und dazu zu stehen,
- Ihre Zeit intensiver zu erleben.

Das sind sehr hochgesteckte Ziele. Sie erfordern einen Entwicklungsprozeß, den jeder selbst durchmachen muß. Die Lektüre kann dazu nur anregen, einen ersten Anstoß zur eigenen Auseinandersetzung sowie einige „technische Hilfestellungen“ geben.

Ziel des Buches ist demnach nicht, fertige „Rezepte“ zu liefern. Sinnvoll sind die Lösungen für Sie nur, wenn Sie sie selbst gefunden und auf Ihre Situation abgestimmt haben.

Kurz: Das Buch will in Ihnen den Wunsch wecken, Ihre Zeit bewußter zu gestalten, und Möglichkeiten aufzeigen, wie dieses Ziel erreicht werden kann.

Erkennen Sie sich wieder? – Erscheinungsformen der Zeitprobleme

Zeitprobleme äußern sich auf mancherlei Arten. In diesem Buch kommen ganz verschiedene Erscheinungsformen, Ursachen und Situationen zur Sprache. Nicht alle sind für jeden Leser gleichermaßen aktuell. Um Ihnen die Orientierung zu erleichtern, sind den nächsten Abschnitten jeweils kleine Fragebogen vorangestellt. Die Fragen sollen Ihnen helfen, sich Ihrer Zeitprobleme bewußt zu werden, festzustellen, wo Ihre Hauptschwierigkeiten liegen. Von welchem Abschnitt fühlen Sie sich am meisten angesprochen, wo antworten Sie am häufigsten mit Ja? Die Übersicht am Schluß des Kapitels zeigt Ihnen sodann, welche Ausführungen für Sie besonders hilfreich oder interessant sein dürften.

1. Hektik und Streß

	Ja	Nein
– Es fällt mir schwer, mich wirklich zu entspannen		
– Ich fühle mich eigentlich ständig unter Zeitdruck		
– Ich kann mich oft kaum auf eine Tätigkeit konzentrieren, weil ich mir bereits überlege, was ich als nächstes tun müßte		
– Auch wenn ich den ganzen Tag gearbeitet habe, bin ich abends oft unzufrieden mit mir selbst, weil so vieles unerledigt geblieben ist		
– Ich schlafe oft schlecht, weil ich an bevorstehende Arbeiten/Aufgaben denke		
– Längerfristige, größere Arbeiten kann ich kaum planen, weil ich vom täglichen Kleinkram ständig voll beansprucht werde		

	Ja	Nein
– Ich habe oft das Gefühl, daß alles an mir hängen bleibt und ich an alles denken und alles erledigen muß		
– Ich wundere mich oft, daß andere Leute noch Zeit für Hobbies oder Weiterbildung finden		
– Ich weiß oft kaum, wie ich alle Termine einhalten kann		
– Ich habe selten einen wirklich freien Abend ohne Verpflichtungen		
– Ich habe oft das Gefühl, ständig einen riesigen Arbeitsberg vor mir herzuschieben		
– Unvorhergesehene Probleme oder Verzögerungen (Stau im Straßenverkehr, Verspätungen von Zug/Flugzeug) bringen mich völlig aus der Fassung		
– Ich muß oft Abmachungen absagen oder verschieben, weil andere Verpflichtungen dazwischenkommen.		

Sie benötigen keinen ausgeklügelten Lösungsschlüssel zu diesen Testfragen – Sie wissen es selbst nur zu gut: Je mehr Ja-Antworten Sie gegeben haben, desto hektischer gestaltet sich Ihr Tagesablauf und desto seltener sind ruhige Minuten und Möglichkeiten, abzuschalten und zu entspannen.

Dies alles sind die „klassischen" Anzeichen von Menschen, die keine Zeit haben und ständig mit der Uhr kämpfen. Ihre Tage werden zerhackt von Terminen, von zahlreichen verschiedenen Aufgaben und Tätigkeiten, von beruflichen und privaten Verpflichtungen. Obwohl sie den ganzen Tag hetzen, sind sie immer im Rückstand, trotz aller Überstunden läßt der Druck nie nach: Sie sehen sich in ständigem Kampf mit einem Arbeitsberg, der nie kleiner wird. Zwar gelingt es ihnen täglich, eine Anzahl von Steinen abzutragen; doch häufen sich in der Zwischenzeit auch regelmäßig wieder mindestens ebensoviele an.

Typisch für diese Zeitprobleme ist das Gefühl des Ungenügens und der Unzufriedenheit mit dem eigenen Tagewerk. Dabei quält nicht nur die Erfahrung, daß der Kampf nicht zu gewinnen ist, sondern vor allem der Zweifel über die getroffene Wahl: Abends muß sich der „Hektiker“ eingestehen, daß er über all seinen Terminen gerade die wichtigsten Aufgaben vernachlässigt oder erneut aufgeschoben hat. Die Entscheidung, welche Arbeiten erledigt werden, wurde nicht aufgrund ihrer Wichtigkeit gefällt, sondern meist nur danach, welche am schnellsten abgehakt werden kann oder welcher Chef am meisten gedrängt, welcher Sachbearbeiter am lautesten geklagt hat.

Nüchtern und aus der Distanz betrachtet, trifft es sicher in vielen Fällen zu, daß die Arbeitsbelastung sehr groß ist. Manche Leute lassen sich aber auch allein von der Vielzahl der auf sie wartenden Arbeiten hetzen und in Panik versetzen, auch wenn deren Erledigung durchaus in ihren Möglichkeiten liegt – und sie auf der anderen Seite auch keineswegs wünschten, keine Arbeit zu haben. Ihre Hauptschwierigkeit liegt darin, daß sie immer alle Aufgaben gleichzeitig im Blickfeld haben und weder Schwerpunkte setzen noch längerfristig planen können.

Die gestörte Beziehung zur Zeit geht oft einher mit einer Vernachlässigung der eigenen körperlichen Bedürfnisse. Aus dem Bestreben, noch möglichst viel zu erledigen, wird bis spät in die Nacht gearbeitet. Dann braucht man entweder Alkohol, um abschalten, oder Schlaftabletten, um von den verbleibenden Nachtstunden möglichst viele für den Schlaf „nutzen“ zu können und zu verhindern, daß die Gedanken ständig weiter um die Arbeit kreisen und den Schlaf stören. Die Müdigkeit am Morgen wird wieder mit Aufputschmitteln bekämpft – nur so glaubt man die Tagesstunden voll für die Arbeit „ausschöpfen“ zu können. Sollte etwas Unvorhergesehenes dazwischenkommen und die vielen Termine durcheinanderbringen, helfen Beruhigungsmittel gegen die aufkommende Panik . . .

2. Das schlechte Gewissen

	Ja	Nein
– Haben Sie oft ein schlechtes Gewissen, weil Sie versprochene Arbeiten nicht erledigt haben?		
– Bitten Sie oft um Entschuldigung, weil Sie für etwas keine Zeit mehr hatten?		
– Haben Sie oft das Gefühl, daß – unabhängig davon, was Sic tun – stets jemand mit Ihnen unzufrieden ist?		
– Haben Sie das Gefühl, nicht genug Zeit für Ihre Familie zu haben?		

Während der im vorangehenden Abschnitt beschriebene hektisch Arbeitende für alle Außenstehenden erkennbar unter Streß steht und deshalb wohl auch mit Mitleid und Nachsicht behandelt wird, spielen sich die Zeitprobleme, die in diesem Abschnitt beschrieben werden, mehr im Innern des Betroffenen ab. Von der Umwelt erntet er öfter Vorwürfe als Verständnis.

Ein typisches Beispiel: Eine Hausfrau mit zwei kleinen Kindern, die für ihren Mann noch kleinere Arbeiten (z.B. Berichte tippen, Korrespondenz erledigen) ausführt. Obwohl sie den ganzen Tag in Bewegung ist und sich bemüht, alle Aufgaben unter einen Hut zu bringen, scheint ihr dies nie zu gelingen. „Ist dir auch aufgefallen, daß Cousine Silvias Kinder in ihrer Sprachentwicklung wesentlich weiter sind als deine?" fragt die wohlmeinende Tante, „du mußt dich mehr mit den Kindern beschäftigen!"

„Bist du dazu gekommen, meinen Bericht zu tippen?" fragt der Ehemann. „Du hast mir doch versprochen, mir eine Geschichte vorzulesen", sagt das ältere Kind. „Du mußt dich ein bißchen mehr pflegen und nicht so gehenlassen", meint vorwurfsvoll die

Freundin. Das kleinere Kind sagt nichts, sondern schreit, weil seine Windeln naß sind und es Hunger hat. Die Schwiegermutter, die überraschend „mal reinguckt“, sagt ebenfalls nichts, aber ihre Blicke, mit denen sie die Krümel auf dem Boden, das verschmierte Tischtuch und die ungemachten Betten streift, sprechen für sich. Und bei allem hat die Hausfrau die Appelle ihrer Schwester im Ohr: „Genieße die Zeit, wenn die Kinder so klein sind – sie ist so schnell vorbei!“

Das schlechte Gewissen als Hauptsymptom von Zeitproblemen zeigt sich vor allem in Berufen, in denen die Aufgaben nicht selbst gewählt, sondern von mehreren Seiten an uns herangetragen werden. So kommt die Sekretärin, die für verschiedene Mitarbeiter schreibt, in Konflikte, denn natürlich betont jeder, wie wichtig und dringend gerade seine Berichte und Briefe sind. Wenn sie laufend alle neu anfallenden eiligen Arbeiten erledigt, bleibt keine Zeit für die langfristigen, zeitraubenden, deren Inangriffnahme immer wieder hinausgeschoben wird.

Unzufriedenheit mit sich selbst entsteht auch dann, wenn es nicht gelingt, alle selbst gewählten Aufgaben und Tätigkeiten zu erledigen. Dies betrifft nicht nur das Berufsleben, sondern häufig gerade das freie Wochenende.

Während der Woche fühlt sich Herr Hansen voll von seiner Arbeit in Anspruch genommen. Er verschiebt seine ganzen sonstigen Bedürfnisse und Ansprüche auf den Samstag und Sonntag: Er will ausschlafen, sich sportlich betätigen, mit der Familie etwas unternehmen, anstehende Arbeiten in Haus und Garten verrichten, sich weiterbilden und endlich das angefangene Buch zu Ende lesen – und stellt am Sonntagabend fest, daß er hauptsächlich herumgesessen, gegessen und ferngesehen hat. Wenn ihn die Familie an die unerfüllten Versprechen erinnert, pocht er auf sein Recht auf Ruhe und Erholung. Seine schlechte Laune entstammt dabei dem eigenen schlechten Gewissen über all die unausgeführten Vorsätze und der Unzufriedenheit über die „ungenutzte“ Freizeit.

3. Das Wechselbad oder „heroische Kämpfe und ruhmlose Kapitulation“

	Ja	Nein
– Haben Sie sich schon öfter vorgenommen, regelmäßig etwas für Ihre Gesundheit oder für Ihre Weiterbildung zu tun?		
– Verlaufen Ihre guten Vorsätze und Initiativen meist nach kurzer Zeit im Sand?		
– Stellen Sie öfter Zeitpläne auf, an die Sie sich dann nicht halten können?		
– Sind Sie zur Erkenntnis gekommen, daß Ihr Fall ganz anders liegt und deshalb alle guten Ratschläge nicht angewandt werden können?		
– Neigen Sie dazu, das „Anfangen“ immer wieder zu verschieben?		

Manche Leute sind der Ansicht, eine systematische Zeiteinteilung sei das Martyrium des modernen Menschen. Sind sie, nach Durchleben der in den vorangehenden Abschnitten geschilderten Probleme, zu der Erkenntnis gekommen, daß Zeitplanung erforderlich ist, fassen sie einen heroischen Entschluß: Sie entsagen der Welt und widmen sich fortan ihrer Arbeit. Diese Haltung ist beispielsweise bei Studenten zu beobachten, die einige Semester verbummelt haben und den Prüfungstermin näherrücken sehen: Sie sagen sämtliche Verabredungen ab und verkünden Freunden und Angehörigen, daß sie nunmehr von früh bis spät lernen wollen. Dabei vermuten sie einen direkten Zusammenhang zwischen der Größe des Opfers und dem Lernerfolg: Sie verzichten beispielsweise gerade auf den Theaterbesuch, das Fußballspiel, die Party, auf die sie sich besonders gefreut haben, und setzen sich vor ihren Bücherberg. Leider ertappen sie sich bald dabei, daß ihre Gedanken weit intensiver um das Versäumte kreisen als um den Lernstoff.

Oft geraten sie dabei in einen Teufelskreis: Sie verzichten auf Freizeit und Betätigungen, an denen ihnen besonders viel liegt, weil sie die versäumte Arbeit endlich erledigen wollen. Mit diesem Verzicht ist ihre „Energie“ aber schon aufgebraucht – für die Arbeit bleibt nichts mehr übrig. Unlustig setzen sie sich hin, trödeln viel und leisten so wenig, daß neue Verzichte notwendig werden. Manchen Studenten gelingt es, sich auf diese Weise die ganzen Ferien zu verderben . . .

Anderen fällt besonders das Anfangen schwer: Um sich für den heroischen Verzicht zu belohnen, gönnen sie sich erst einmal eine Tasse Kaffee und noch einen Blick in die Zeitung. Dann setzen sie sich an ihren Schreibtisch, schichten lustlos Akten, Bücher oder

Hefte um, spitzen Bleistifte und räumen die Schublade auf – und springen erleichtert und ohne etwas getan zu haben auf, wenn das Telefon oder die Türglocke klingelt.

Die meisten Ansätze, mit denen langjährig Versäumtes radikal nachgeholt werden soll, „verpuffen" sehr schnell. Oft ist ein „Schlüsselerlebnis" der Anlaß für den Entschluß, sein Leben völlig umzukrempeln.

Der Fahrstuhl ist defekt. Herr Martin muß die 4 Stockwerke bis zu seinem Arbeitsplatz zu Fuß hochsteigen. Oben angekommen ist er nicht nur völlig außer Atem, sondern auch verärgert über seine Erkenntnis, daß seine körperliche Fitneß sehr zu wünschen übrig läßt. Er beschließt deshalb, täglich eine Stunde Sport zu treiben. Dies führt er am ersten Abend auch tatsächlich aus. Am zweiten Abend will er nach der Tagesschau nur eben prüfen, was sich hinter dem verheißungsvollen Titel des Fernsehfilms verbirgt – und bleibt bis zum Ende sitzen. Da er dabei auch noch einige Bierchen konsumiert, wird der Sport verschoben. Am nächsten Abend kommt er infolge von Überstunden erst spät nach Hause, am übernächsten sind Freunde zu Besuch. Nach einer Woche setzt er seinen „Sport-Entschluß" noch einmal voller Energie in die Tat um – um ihn anschließend stillschweigend zu begraben . . .

Viele Fernkurse werden zwar bestellt, die lobenswerten Vorsätze zur intensiven Weiterbildung aber nach einiger Zeit wieder fallengelassen, weil sie mit anderen Bedürfnissen und Aufgaben nicht unter einen Hut zu bringen sind und die hochgesteckten Ziele nicht erreicht werden. Die alten Gewohnheiten decken die neuen radikalen Pläne sachte zu – bis ein neuer Blick auf die Waage, ein nächstes Schreckerlebnis über die eigenen mangelnden Kenntnisse zur nächsten Gewaltanstrengung veranlassen.

4. Die Langeweile

	Ja	Nein
– Fällt es Ihnen schwer sich vorzustellen, wie Sie auch ohne Berufstätigkeit ein erfülltes Leben führen könnten?		
– Erfüllt Sie der Gedanke an Ihre Pensionierung mit Angst?		
– Ziehen Sie manche Tätigkeiten bewußt in die Länge, um Zeit „totzuschlagen"?		
– Sind Sie oft beim Blick auf die Uhr enttäuscht, daß es noch nicht später ist?		
– Können Sie sich ein Leben ohne Fernseher noch vorstellen?		
– Wünschen Sie sich einen Urlaub, in dem ständig ein Programm geboten wird?		

Vielleicht sind Sie der Meinung, daß Langeweile kein Zeitproblem ist, sondern höchstens ein Beweis für die ungerechte Verteilung der Arbeit: Die einen schuften und kommen zu keinem Ende, die anderen haben nichts zu tun und langweilen sich.

Die nähere Beobachtung zeigt aber, daß sich Hetze und Langeweile keineswegs ausschließen. Sie treten natürlich nicht gleichzeitig auf, können sich aber gegenseitig bedingen und kurzfristig aufeinander folgen.

So beschließen wir vielleicht nach einer Woche voller Arbeit und Anspannung, am Wochenende einmal so richtig auszuruhen und uns gar nichts vorzunehmen. Spätestens am Samstagnachmittag, nach ausgiebigem Schlafen, Essen und Zeitunglesen ertappen wir uns dabei, daß wir unzufrieden im Fernsehprogramm blättern und auf den Beginn einer halbwegs interessanten Sendung warten.

Ähnlich ergeht es vielen Leuten im Urlaub, den sie einmal „fern von Hektik und Streß“ in einem gemütlichen kleinen Ort verbringen wollen. Nach wenigen Tagen beginnen sie über das „Kaff, in dem nichts los ist“ zu schimpfen und machen sich auf die Suche nach Abwechslung und Abenteuer.

Daß Langeweile sehr oft nicht etwa dann auftritt, wenn die Zeit zur völlig freien Verfügung steht, sondern im Gegenteil, wenn zwischen vielen starren Terminen einzelne „Löcher“ bleiben, läßt sich schon bei Kindern beobachten. Meine Kinder können sich stundenlang beschäftigen, Theaterstücke planen, ganze Welten aufbauen – wenn sie aber wissen, daß in einer halben Stunde eine Fernsehsendung beginnt, die sie nicht verpassen wollen, fällt ihnen nichts mehr ein. Um sich auf ein Spiel einzulassen, muß man Zeit haben – nur zum „Zeitvertreib“ oder gar „Zeittotschlagen“ kann man sich nicht engagieren.

Ähnlich geht es vielen Erwachsenen: Sie langweilen sich, wenn zwischen Arbeit und Fernsehprogramm noch Zeit bleibt oder wenn, im Urlaub, zwischen der Rückkehr von einem Ausflug und der Essenszeit noch eine Stunde zu überbrücken ist. Und während bei interessanter oder angenehmer Tätigkeit die Zeit verfliegt, dehnt sie sich für den Gelangweilten endlos aus. Lustlos blättert er in einem Heft, räumt etwas weg, holt etwas anderes hervor – und schaut wieder hoffnungsvoll auf die Uhr, ob die Zeit schon vertrieben ist.

Die Angst vor der Langeweile wiederum führt oft erst zu Hektik und Zeitmangel. Viele Mütter beispielsweise haben sich, während ihre Kinder klein waren, an das (bereits geschilderte) ständig schlechte Gewissen gewöhnt. Ihre Tagesabläufe wurden jahrelang nur von den immer wieder fälligen Entscheidungen bestimmt, wessen Ansprüche sofort befriedigt und welche Arbeiten noch aufgeschoben werden. Später, wenn die Kinder in der Schule sind und ein großer Teil des Tages frei eingeteilt werden könnte, „fällt ihnen die Decke auf den Kopf“. Sie melden sich zu zahlreichen Kursen an, holen noch einige Haustiere ins Haus, vervollkommnen Haushalt und „Do-it-your-self“, bis sie wieder über absoluten Zeitmangel klagen können.

Wer im Zoo die in Käfigen gehaltenen Wildtiere betrachtet, gewinnt leicht den Eindruck, daß sie sich langweilen, weil ihnen

die natürlichen Beschäftigungen der Futtersuche und Feindvermeidung genommen sind. Die Langeweile der Menschen entsteht oft ebenfalls aus dem Gefühl, in seiner Freiheit eingeschränkt zu sein. Wir langweilen uns, wenn wir auf den Bus, an der Kasse des Supermarktes oder beim Arzt warten müssen, weil wir die Dauer unseres Wartens nicht bestimmen können, weil wir von anderen abhängig sind. Wartezeiten lassen sich nicht immer vermeiden. Manche Leute verbringen aber Stunden, Tage oder gar ihr halbes Leben damit zu warten, daß etwas geschieht, daß andere etwas tun. Wenn wir die Entscheidungen, die Gestaltung unserer Tage anderen überlassen, bleibt uns nur die Unfreiheit und die Langeweile.

Zusammenfassung

Eine gestörte Beziehung zur Zeit kann sich auf vielerlei Arten äußern.

- *Hektik und Streß:* Vor dem Berg der anfallenden Arbeiten wird der Überblick verloren. Trotz ständigen Einsatzes und weitgehenden Verzichts auf Freizeit ist der Betroffene mit seinem Tagewerk nie zufrieden, weil er – meist zu Recht – der Meinung ist, gerade für die wichtigsten Arbeiten zu wenig Zeit gefunden zu haben.
- Das Bemühen, allen Anforderungen der Umwelt gerecht zu werden und auch den eigenen Vorsätzen nachzuleben, führt für viele zu einem ständig *schlechten Gewissen.* Gleichgültig was getan wird – da es unmöglich ist, alle Ansprüche zu befriedigen, bieten die unerfüllten immer wieder Anlaß zu Vorwürfen und Selbstzweifeln.
- *Gute Vorsätze, die nicht eingehalten werden:* Als Reaktion auf ständigen Streß oder auf das schlechte Gewissen werden oft Vorsätze zur radikalen Änderung gefaßt: Man will in Zukunft planvoll vorgehen, sich intensiver seiner Arbeit widmen und persönliche Bedürfnisse zurückstellen. Gerade dieser letzte Punkt führt dazu, daß solche Vorsätze meist nach kurzer Zeit stillschweigend wieder begraben werden.
- *Langeweile* ist ein weiteres Hauptmerkmal einer gestörten Beziehung zur Zeit. Wer gewohnt ist, immer nur auf die Ansprüche der Umwelt zu reagieren, fällt in ein „schwarzes Loch“, wenn – am Wochenende, im Urlaub oder nach der Pensionierung – diese Ansprüche plötzlich wegfallen oder auch nur vorübergehend eine Lücke auftaucht.

Zur Benutzung dieses Buches

Wie äußern sich Ihre Zeitprobleme? Für welche Erscheinungsform haben Sie die meisten Anzeichen bei sich gefunden? Für welchen Bereich erwarten Sie Anregungen oder Ratschläge? Sind Sie während Ihrer Berufsarbeit überlastet und suchen nach Möglichkeiten, Ihre Aufgaben möglichst rationell zu erledigen? Wissen Sie nicht, wie Sie die vielfältigen Ansprüche, die außerhalb Ihrer Berufsarbeit an Sie gestellt werden, ohne Streß befriedigen können? Oder können Sie den ganzen Tag selbst einteilen, sind dabei aber mit der Verwendung Ihrer Zeit unzufrieden?

Die Graphik auf Seite 27 gibt Ihnen einen Überblick über den Aufbau dieses Buches und die angesprochenen Themen. Wenn Sie feststellen wollen, welche Kapitel für Sie von besonderem Interesse sind, nehmen Sie am besten einen Farbstift und kreisen jene Kästchen ein, welche die von Ihnen beobachteten Schwierigkeiten und deren Ursachen enthalten. Die Linien und Pfeile zeigen Ihnen, in welchen Kapiteln auf Ihre Probleme eingegangen wird und welche Informationen und Anregungen zur Lösung Ihrer Probleme beitragen können.

Das Buch kann die Bausteine zur Bearbeitung Ihrer Zeitnöte liefern – bauen müssen Sie selbst.

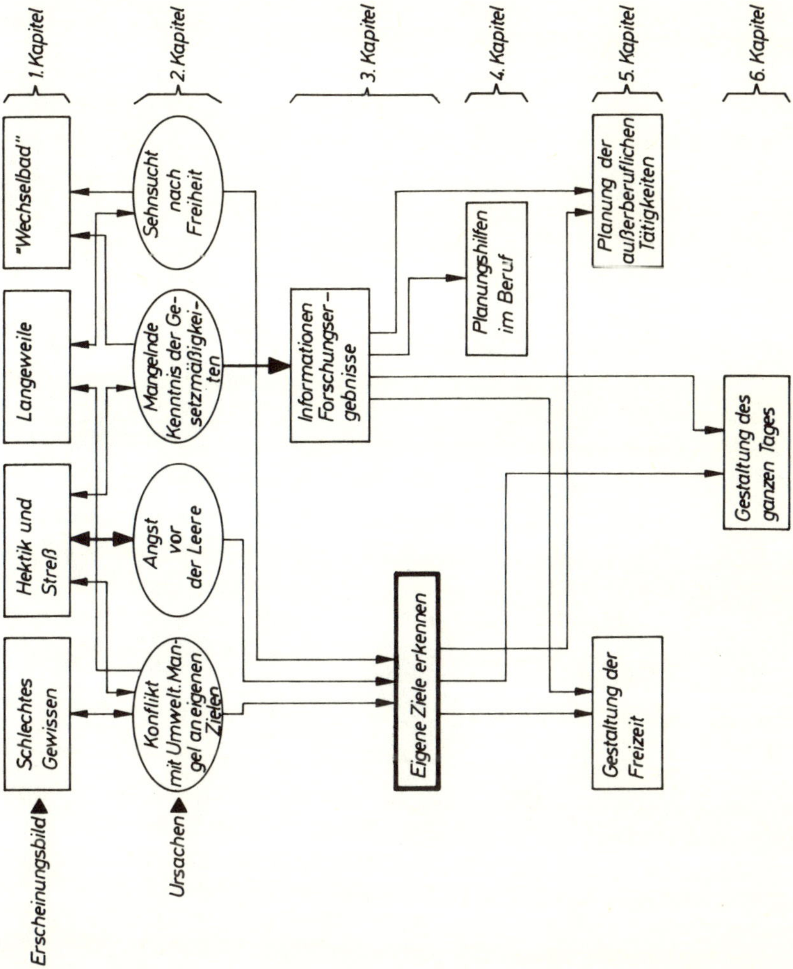

Erscheinungsbild
Ursachen
Schlechtes Gewissen
Hektik und Streß
Langeweile
"Wechselbad"
1. Kapitel
Konflikt mit Umwelt. Mangel an eigenen Zielen
Angst vor der Leere
Mangelnde Kenntnis der Gesetzmäßigkeiten
Sehnsucht nach Freiheit
2. Kapitel
Eigene Ziele erkennen
Informationen Forschungsergebnisse
3. Kapitel
Planungshilfen im Beruf
4. Kapitel
Gestaltung der Freizeit
Planung der außerberuflichen Tätigkeiten
5. Kapitel
Gestaltung des ganzen Tages
6. Kapitel

II. Die Ursachen oder Warum wir keine Zeit haben

Wollen Sie mehr Zeit haben?

Zeitprobleme sind weit verbreitet. Schon die Kinder kommen zur Überzeugung, daß sie zum Erwachsensein gehören und daß ein Mensch, der auf sich hält, keine Zeit haben darf. Klagen über Zeitnöte sind fast so häufig wie Klagen über das Wetter – und werden meist auch mit der gleichen Resignation verkündet. Denn trotz der selbst empfundenen Unzufriedenheit tut – abgesehen von gelegentlichen Anläufen – kaum einer etwas zur Lösung seiner Zeitprobleme. Dies kann nicht daran liegen, daß es solche Lösungen ebenso wenig gibt wie Methoden zur Beeinflussung des Wetters. Wie viele Ratgeber zeigen, ist es relativ einfach, die Vorteile einer systematischen Planung darzustellen und Stunden-, Wochen- und Jahrespläne zu konstruieren. Aus der Tatsache, daß nur wenige sich solche Ratschläge zunutze machen, muß aber geschlossen werden, daß die Probleme wohl tiefer liegen. Der Mangel an Zeit scheint vielen Menschen einen Gewinn zu bringen, der das Leiden unter Hektik und Streß rechtfertigt und der für die Widerstände, die gegen eine sinnvolle Zeitplanung bestehen, verantwortlich ist.

Zeitprobleme können deshalb auch nicht einfach durch einige Rezepte und Formulare geändert werden. Sie entstehen aus dem eigenen Lebensstil, der Grundbeziehung zur Zeit, aus tiefliegenden Ängsten, Wünschen und Vorstellungen, die erst bewußt werden müssen. Erst wenn diese Konflikte selbst erkannt werden und der Wunsch nach einer Änderung besteht, werden Ratschläge auch zu Verhaltensänderungen führen. Im folgenden Kapitel soll deshalb den Ursachen und Motiven für die bestehenden Zeitprobleme nachgegangen werden.

1. Die Angst vor der Leere

Beobachten Sie einmal Ihre Mitmenschen (oder sich selbst) im Wartezimmer des Arztes, beim Friseur, während einer längeren Bahnfahrt. Warum greifen die meisten sofort zu einem Heftchen, einer Illustrierten – und sei der Inhalt auch noch so nichtssagend – oder füllen die Zeit mit Kreuzworträtseln? Warum werden sie so kribbelig und ärgerlich, wenn sie irgendwo warten müssen, auch wenn sie eigentlich genügend Zeit haben? Viele Leute ertragen keine Untätigkeit; wenn sie sich „entspannen" wollen, brauchen sie dazu ein Fernsehprogramm, ein Buch, eine Handarbeit – oder alles miteinander. Keine Minute des Tages darf mit „Nichtstun" vertan werden.

Ein Blick in andere Weltregionen zeigt, daß durchaus nicht alle Menschen von diesem rastlosen Zwang zur Beschäftigung angetrieben werden. So beklagen viele Europäer die Einstellung mancher Arbeiter in Entwicklungsländern, die gerade nur so lange arbeiten, bis sie genügend Geld für die augenblicklichen Bedürfnisse verdient haben. Dann brechen sie die Arbeit ab und erholen sich. Eine Vorsorge für den nächsten Tag oder gar das nächste Jahr wird nicht getroffen. Diese Menschen haben einen anderen Zeitsinn, einen eigenen Rhythmus; die Gegenwart herrscht vor, die Zukunft ist unwirklich.

Die meisten Europäer können diese Einstellung nicht verstehen. Sie sind nicht nur weitgehend auf die Zukunft ausgerichtet, sie können meist auch dann nicht ruhigen Gewissens „nichts" tun, wenn sie ihr „Pflichtpensum" bereits erfüllt haben.

In früheren Zeiten wußten auch die Europäer die Muße durchaus zu schätzen. Wer es sich leisten konnte, führte ein angenehmes Leben – während die notwendigen Arbeiten von den unteren Schichten erledigt wurden. Es „schickte" sich nicht für vornehme Leute, sich mit produktiver Arbeit zu befassen; angemessene „ehrenhafte" Beschäftigungen waren beispielsweise Jagd, Kampfspiele und Sport. Wer viel Geld hatte, hatte auch viel Freizeit.

Im heutigen Europa wie auch in Nordamerika wird dies anders gesehen. Zwar gibt es nach wie vor königliche Familien, für deren Angehörige sich das Geldverdienen nicht schickt, sowie Superreiche, die sich nicht darum zu kümmern brauchen. Die Grundeinstellung aber hat sich geändert. Je mehr einer arbeitet, je weniger freie Zeit er hat, desto geachteter ist er. Bewundert wird der rastlos Tätige.

Diese Einstellung findet ihren Ausdruck in der religiösen Überzeugung der Calvinisten und Puritaner, daß „Zeitvergeudung die erste und prinzipiell schwerste aller Sünden sei. Nicht Muße und Genuß sondern nur Handeln dient zur Mehrung von Gottes Ruhm." (M. Weber, 1969) Diese Überzeugung, die zweifellos viel zum wirtschaftlichen Aufschwung des Westens beigetragen hat, wird nicht nur von den Mitgliedern dieser Religionsgemeinschaften geteilt, sondern ist in unseren Breitengraden als selbstverständlich übernommen worden.

Jeder ist auf die Anerkennung seiner Mitmenschen angewiesen – Anerkennung kann aber in unserer Leistungsgesellschaft vor allem durch Arbeit gewonnen werden. Dabei ergeben sich klare Wertungen: am meisten gilt die Arbeit, die mit „barer Münze" entlohnt wird, Zeit, die in Geld umgesetzt wird. Erst an zweiter Stelle zählt die Arbeit, die man für die Menschen verrichtet, die einem am nächsten stehen: Hausarbeit, Kinderbetreuung oder die Pflege von kranken oder alten Angehörigen.

Diese Wertung legen wir natürlich nicht nur bei der Einschätzung der anderen an – wir übernehmen sie auch für uns selbst. Wir brauchen die Arbeit, um uns „nützlich" oder gar „unersetzlich" zu fühlen. Die Angst davor, kein „vollwertiges Mitglied der menschlichen Gemeinschaft" zu sein, ist das Hauptproblem aller, die „zuviel" Zeit haben, der Rentner, Arbeitslosen oder der Hausfrauen, die keine oder schon erwachsene Kinder haben.

Das Bestreben, Beweise für die eigene „Nützlichkeit" zu liefern, führt dazu, daß wir uns mit immer neuen Aufgaben eindekken. Dann können wir über Zeitmangel klagen und Zeitmangel als ständige Entschuldigung für das Nichterledigen bestimmter Dinge anführen, müssen aber nicht mehr fürchten, einmal tatsächlich viel Zeit zu haben.

Hetze und Überlastung sind deshalb meist nur teilweise darauf zurückzuführen, daß von außen zu viele Aufgaben an uns herangetragen werden. Oft sind wir es selbst, die aus Ehrgeiz, aus dem Wunsch, Außergewöhnliches zu leisten, aus der Masse herauszuragen, mehr übernehmen, mehr Versprechen abgeben als wir halten können – mit den Worten Erich Fromms: „wir versuchen Übermenschen zu werden, bevor wir Menschen geworden sind."

Die andere Möglichkeit besteht darin, die vorhandene Arbeit so weit wie möglich auszudehnen. Auf diese Weise kann man der Umwelt eine rastlose Tätigkeit vorspielen – und sich selbst „über den Tag bringen". Die Beobachtung zeigt, daß dies sehr leicht möglich ist: Arbeiten, die bei großer Belastung nur kurze Zeit in Anspruch nehmen, können sich bei geringer Belastung über Stunden ausdehnen. Jeder kennt dies am Beispiel der Hausarbeit.

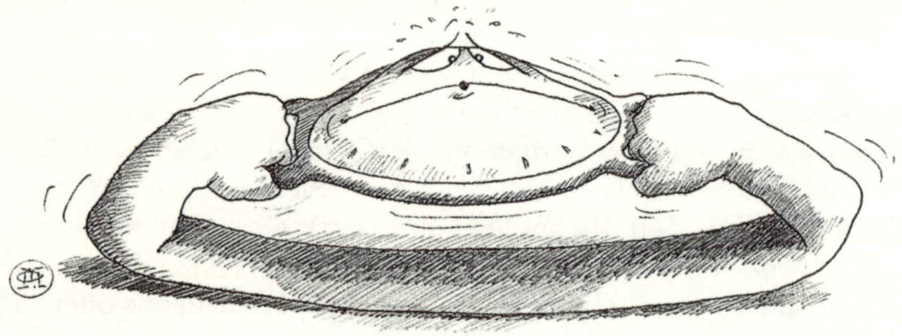

Eine junge Muter fühlt sich mit ihrem Baby völlig ausgelastet. Kommt ein zweites oder gar drittes Kind hinzu, nimmt die Betreuung der etwas größeren Kinder viel Zeit in Anspruch und die Babypflege läuft fast „nebenher". Erstaunt fragt sie sich, was sie früher eigentlich den ganzen Tag gemacht hat.

Der englische Historiker und Publizist C. Parkinson formulierte das in diesem Zusammenhang sehr passende ironische „1. Parkinsonsche Gesetz: „Arbeit pflegt sich so auszudehnen, daß sie jeden für sie verfügbaren Zeitraum ausfüllt"; es gilt aber nicht nur für die Hausarbeit – „entdeckt" wurde es schließlich für die Bürotätigkeit.

Aufbauschen läßt sich im übrigen auch Ärger: Ungeschicklichkeiten, Versehen und Gedankenlosigkeiten anderer, über die wir schnell hinweggehen, wenn wir von unserer Tätigkeit erfüllt sind, können uns maßlos aufregen und stundenlang beschäftigen, wenn wir nichts anderes zu tun haben.

Ist Zeit Geld?

Der Spruch „Zeit ist Geld“ wird vor allem von Arbeitgebern und vielbeschäftigten Managern gern gebraucht, ist aber leider inzwischen schon eine Volkswahrheit geworden. Sicher lassen sich zur Untermauerung dieser Aussage „Beweise“ finden. Häufig entscheidet die Schnelligkeit eines Angebots, ob ein einträgliches Geschäft zustandekommt. Wenn die Zeit verschwendet wird und die Arbeit liegen bleibt, müssen die Löhne trotzdem ausbezahlt werden – Arbeitszeit ist gleichbedeutend mit Geld.

Momo

Wie die Welt aussieht, wenn der Vergleich von Zeit und Geld auf die Spitze getrieben wird, zeigt das hübsche – und sehr erfolgreiche – moderne Märchen von „Momo“ (M. Ende, 1973): Graue Herren rechnen den Menschen vor, wieviele Minuten und Sekunden sie in ihrem bisherigen Leben ausgegeben und verschwendet haben, ohne auch nur den geringsten Teil zu sparen. Sie veranlassen die Leute, Zeit zu sparen, die ihnen sodann, wie eine Lebensversicherung, beim Erreichen des Rentenalters mit Zins und Zinseszins zurückgezahlt werden soll. Immer mehr Leute stellen ihren Tagesablauf unter das Motto des „Zeitsparens“:
„Und ob ich will!“ rief Herr Fusi. „Was muß ich tun?“ „Aber, mein Bester“, antwortete der Agent und zog die Augenbrauen hoch, „Sie werden doch wissen, wie man Zeit spart! Sie müssen zum Beispiel einfach schneller arbeiten und alles Überflüssige weglassen. Statt einer halben Stunde widmen Sie sich einem Kunden nur noch eine Viertelstunde. Sie vermeiden zeitraubende Unterhaltungen. Sie verkürzen die Stunde bei ihrer alten Mutter auf eine halbe. Am besten geben Sie sie überhaupt in ein gutes, billiges Altersheim, wo für sie gesorgt wird, dann haben Sie bereits eine ganze Stunde täglich gewonnen. Schaffen Sie den unnützen Wellensittich ab! Besuchen Sie Fräulein Daria nur noch alle vierzehn Tage, wenn es überhaupt sein muß. Lassen Sie die Viertelstunde Tagesrückschau ausfallen und vor allem, vertun Sie Ihre kostbare Zeit nicht mehr so oft mit Singen, Lesen oder gar mit Ihren sogenannten Freunden.“

(a.a.O., S. 67)

Auch für den Einzelnen sind Parallelen sichtbar. Wer genügend Zeit oder Geld hat, kann sich eine gewisse Verschwendung erlauben. Steigen aber die Ausgaben, muß bei Zeit wie bei Geld – und allem, was nur in begrenztem Ausmaß zur Verfügung steht – sorgfältiger geplant und Prioritäten gesetzt werden. Es ist unangenehm, wenn man an der Kasse des Supermarktes feststellt, daß das Geld für die Einkäufe nicht ausreicht, und umso ärgerlicher, wenn man gerade vorher noch etwas völlig Unnötiges gekauft hat. In gleicher Weise ärgert man sich, wenn eine Arbeit nicht rechtzeitig fertiggestellt werden kann, und besonders dann, wenn zuvor viel Zeit vertrödelt wurde.

Wo die Unterschiede liegen

Das Leben der Leute, die ihre Zeit nur noch nach dem „Nutzen", den sie einbringt, beurteilen, wird kalt und leer – doch dies trifft bei der Verwendung des Geldes genauso zu. Ein Unterschied besteht darin, daß sich Geld sparen und sammeln läßt und sein Wert durch Zinsen tatsächlich steigt, während die Zeit vergeht, auch wenn wir sie nicht bewußt „ausgeben".

Der Hauptunterschied liegt aber darin, daß es für die meisten Menschen ein erstrebenswertes Ziel ist, viel Geld zu haben; kaum einer sieht ein Problem darin, mehr Geld zu haben als er ausgeben kann – es sei denn, er fürchte Einbrecher oder das Finanzamt. Wer über wesentlich mehr Geld verfügt, als er zum Lebensunterhalt braucht, und zu den „Reichen" oder „Spitzenverdienern" gehört, genießt die Achtung seiner Mitmenschen. Bei der Zeit verhält es sich dagegen umgekehrt: Über das größte Prestige verfügen jene, die „keine" Zeit haben. Wer dagegen nicht nur am Wochenende oder im Urlaub viel Zeit hat, wird bestenfalls bedauert.

„Müßiggang ist aller Laster Anfang" sagt ein Sprichwort; „wer zuviel freie Zeit hat, kommt nur auf dumme Gedanken" ist eine vor allem Jugendlichen gegenüber gebrauchte „Erziehungsregel" und „Gegen persönliche Krisen schützt man sich am besten durch einen vollen Terminkalender" lautet ein Henry Kissinger, dem früheren US-Außenminister zugeschriebenes Zitat. Alle Sprüche zielen auf dasselbe: es sei für den Menschen besser, wenn er ständig eingespannt ist; bei freier Zeit würde er anfangen, über sich nachzudenken, und dieses Nachdenken wäre offenbar mit negativen Erkenntnissen verbunden. Manchen Menschen ist fast jede Tätigkeit recht, um die Zeit zu vertreiben und der Auseinandersetzung mit sich selbst auszuweichen.

Besonders deutlich wird dies dann, wenn wir Probleme oder Konflikte haben, mit uns oder unserer Situation unzufrieden sind: wir sorgen für eine ständige Aktivität, um unseren Sorgen auszuweichen oder beispielsweise „einfach keine Zeit" für eine längst fällige Aussprache mit unserem Partner zu finden. Nichts fürchten wir mehr als einige schlaflose Stunden in der Nacht, weil wir dann wehrlos uns selbst und unseren Gedanken „ausgeliefert" sind.

Die Flucht in die rastlose Tätigkeit ist damit auch wohl eine Flucht vor uns selbst. Wir liegen im Kampf mit uns selbst, akzeptieren nur den „tüchtigen, strebsamen" Teil, während wir unsere anderen Bedürfnisse nach Muße, Entspannung und Passivität durch unsere Hektik wegschieben.

2. *Die Sehnsucht nach „Freiheit“*

Widerstände gegen eine Planung

Als Kinder gingen wir oft in einem nahegelegenen Flüßchen schwimmen. Eines der Hauptvergnügen bestand dabei darin, zu versuchen, gegen den Strom schwimmend einen Brückenpfeiler zu erreichen. Verbissen kämpften wir gegen die Strömung, wurden abgetrieben, versuchten es aufs neue. Ich erinnere mich noch genau an das Gefühl des Stolzes und Triumphes, wenn ich mich schließlich an dem Pfeiler festhalten konnte – aber ich erinnere mich noch stärker an das Glücksgefühl, das ich empfand, wenn ich mich treiben ließ und von der Strömung den Fluß hinuntergetragen wurde.

Die Beziehung zur Zeit wird von ähnlichen Gefühlen bestimmt: Wir sind stolz darauf, wenn wir die Zeit „besiegen“ können, wir fühlen uns erfolgreich, wenn wir sie „beherrschen“; die glücklichsten Augenblicke unseres Lebens sind aber zweifellos jene, in denen wir die Zeit vergessen können, uns von ihr „tragen“ lassen, in Harmonie mit ihr, mit uns und der Umwelt sind. Wenn wir glücklich sind, sind wir „ganz da“, in der Gegenwart, während jede Planung einen Schritt in die Zukunft darstellt.

Die Sehnsucht nach diesem Zustand der Zeitlosigkeit ist wohl auch ein Hauptgrund für die Widerstände gegen eine bewußte Einteilung der Zeit. Wir fühlen uns gehetzt, von Terminen eingeengt, und wollen uns nicht selbst noch mehr Fesseln auferlegen.

Wichtig ist die Erkenntnis, daß wir uns nicht entweder für die Planung oder für die Harmonie entscheiden müssen, sondern daß beide nur im Wechsel sinnvoll sind. Wer immer nur gegen die Zeit kämpft, kann nicht mehr ohne Tätigkeit sein und kennt nur noch Hetze, Streß und Leistung. Wer sich immer nur treiben läßt, stumpft bald ab, weil er keine eigenen Ziele setzt und bei Arbeit und Freizeit völlig von außen bestimmt wird. Wir wollen spontan reagieren können – und geben über dem Reagieren auf Anstöße von außen alle eigenen Impulse auf.

Wer sich gegen eine Zeitplanung sträubt, hat meist zwei Bilder vor sich, die die Entscheidung leicht zu machen scheinen:

Das eine (graue) Bild zeigt den pedantischen Planer, der jede Minute des Tages im voraus festlegt, der sich keine spontane Regung mehr gönnt, kein Trödeln oder gemütliches Sitzenbleiben erlauben kann, sondern nur darauf bedacht sein muß, seine Pläne in Tat umzusetzen. Das andere (farbige) Bild zeigt den fröhlichen „Nichtplaner", der sich am Sonnenschein erfreuen kann, wenn dieser gerade stattfindet, und dafür auch mal in der Nacht noch arbeitet, der kurzentschlossen wegfährt, wenn sich die Gelegenheit bietet, und viel arbeitet, wenn die Stimmung aufkommt.

In Wirklichkeit stimmen natürlich beide Bilder nicht. Der (vernünftige) Planer hat seine Arbeiten, Aufgaben und Vorsätze so aufgeteilt, daß sie möglichst rationell erledigt werden können und ihm genügend Zeit für seine sonstigen Bedürfnisse bleibt. Der „Nichtplaner" wird dagegen nur allzuoft von Terminen gehetzt, die andere setzen, und die einzuhalten ihn infolge seines unsystematischen Vorgehens nicht nur einen größeren Zeitaufwand, sondern auch einen Verzicht auf Freizeit und Verabredungen kosten.

Ein häufig verwandtes Argument für die Widerstände gegen eine sinnvolle Planung betrifft die „Arbeitsstimmung". Vor allem größere, anstrengende oder unangenehme Arbeiten werden immer wieder aufgeschoben, weil wir nicht die richtige Lust haben oder die „Inspiration" fehlt: Wir warten auf den Moment, in dem es „von alleine" geht. In der Regel führt dies dazu, daß – sei es auf Drängen von außen oder bei Näherrücken des Termins – der Zwang zur Erledigung immer größer wird; schließlich muß die Aufgabe unter Zeitdruck fertiggestellt werden. Die richtige „Inspiration" stellt sich zwar unter diesen Bedingungen nicht ein. Die Zeitnot hat zudem zur Folge, daß die Arbeit nicht so sorgfältig oder umfassend ausgeführt werden kann, wie wir dies eigentlich vorhatten.

Diese Erfahrung bewirkt jedoch keineswegs, daß die nächste wichtige Arbeit nun früher in Angriff genommen und besser geplant wird, sondern nur, daß die Schlußfolgerung gezogen wird: „Ich kann eben nur unter Zeitdruck arbeiten". Daß diese Aussage in krassem Widerspruch zum ersten Argument, dem Wunsch nach Freiheit in der Zeitgestaltung steht, fällt den wenigsten auf: Wer den Zeitdruck braucht, wird von den Terminen bestimmt, die andere setzen.

Die amerikanischen Psychologinnen J. Burka und L. Yuen (1983) kamen nach dreijähriger Erforschung des „Torschluß-Syndroms“ zum Schluß, daß durch den Aufschub langfristiger Arbeiten bis zur letzten Minute ein labiles Selbstbewußtsein geschützt werden soll: Wir malen uns aus, wie umwerfend und bahnbrechend unsere Arbeit werden wird. Wer sich vorwiegend über seine Leistungen definiert, kann sich nur dann wertvoll und wichtig fühlen, wenn er von Zeit zu Zeit etwas Außerordentliches zustandebringt, etwas, das sich deutlich von allem abhebt, was andere leisten. Wir träumen davon – aber alle Ideen, die wir entwickeln, kommen uns gewöhnlich vor. Statt durch unseren Einsatz den Beweis zu liefern, daß wir „auch nur mit Wasser kochen“, warten wir weiter auf die „Inspiration“ und schieben den Beginn der Arbeit immer weiter hinaus. Wenn wir schließlich in Termindruck geraten und es nur noch darum geht, rechtzeitig fertig zu werden, finden wir uns leichter mit dem „Zweitbesten“ ab, weil wir vor uns selbst und unserer Umwelt die Zeitnot als Entschuldigung aufführen können.

Letztlich geht es darum zu erkennen, daß ein Unterschied besteht zwischen „Planen“ und „Verplanen“. Wer Angst hat vor der Leere und vor der Zeit, kleistert sich den ganzen Tag zu und verplant auch noch die letzte Minute. Wer – im Bestreben, frei zu bleiben – auf jede Planung verzichtet, verzichtet damit auch auf jede eigene Gestaltung des Tages und wird nur noch getrieben.

3. Der Umgang mit der Zeit muß gelernt werden

Können Sie sich ein Leben ohne Uhr vorstellen? Können Sie sich in die Zeit zurückversetzen, als der Tag von Sonnenaufgang bis Sonnenuntergang dauerte? Ende des 13. Jahrhunderts wurden die Räderuhren erfunden, die im Gegensatz zu den vorher üblichen Sonnen-, Wasser-, Kerzen- oder Sanduhren eine sehr gleichmäßige und zuverlässige Messung ermöglichten (R. Wendorff, 1980). Es gibt keine Maschine, die heute weiter verbreitet ist als die Uhr – aber vermutlich auch keine Erfindung, die das Leben und die Einstellung der Menschen so entscheidend veränderte. Während vorher die anstehenden und zu erledigenden Arbeiten den Tag unterteilten, ermöglichten die Uhren eine objektive Zeitmessung. Der Tag hatte nun 24 gleich lange Stunden, und die Menschen begannen, damit zu rechnen. Nicht mehr nur die Tätigkeit allein zählte, sondern auch das Verhältnis von Ergebnis zur aufgewendeten Zeit – Rentabilitätserwägungen, das gezielte Einsetzen der eigenen Zeit, das Zeitsparen sind alles erst möglich durch die Erfindung und Verbreitung von Uhren.

Mittlerweile ist uns dies zur zweiten Natur geworden – ohne daß sich allerdings unsere „erste Natur“, d.h. die biologische Ausstattung des Menschen, geändert hätte.

Vertrauen Sie Ihrem Zeitgefühl?

Haben Sie schon einmal versucht, ohne Wecker zu einer bestimmten Zeit aufzuwachen? Bei den meisten Menschen klappt das recht gut – wir verschlafen hauptsächlich dann, wenn wir uns völlig auf den Wecker verlassen und dieser nicht funktioniert, selten aber, wenn wir selbst die Verantwortung für das Aufwachen übernehmen. Dies bedeutet, daß wir eine „innere Uhr“ haben, die die Zeit registriert. Untersuchungen mit Höhlenforschern, die völlig von der Außenwelt und allen Signalen für die Tages- oder Nachtzeit abgeschnitten waren, zeigen, daß diese ungefähr einen 24-Stunden-Rhythmus einhielten. Dieser Rhythmus ist dem Menschen angeboren.

Unser Zeitsinn ist allerdings sehr unvollkommen und leicht störbar. Testen Sie sich selbst, indem Sie eine Uhr mit Sekundenzeiger verwenden, die Augen schließen und sie dann wieder öffnen, wenn nach Ihren Schätzungen eine Minute vergangen ist. Wie M. Stein (1979) berichtet, unterschätzen die meisten Menschen die Minute um 5–15 Sekunden. Der Grund dafür liegt darin, daß wir viel zu leicht ablenkbar sind, um so kurze Zeitspannen richtig einschätzen zu können.

Jeder hat auch schon die Erfahrung gemacht, daß unser Zeitgefühl sehr stark davon abhängt, womit wir uns beschäftigen. Bei angenehmen Tätigkeiten verfliegt die Zeit sehr schnell, während sie fast stillzustehen scheint, wenn wir uns langweilen oder auf etwas warten. Es ist deshalb unmöglich, auch nur einigermaßen genaue Schätzungen über die verstrichene Zeit abzugeben. Wie schnell ist „ein Stündchen verplaudert“, wie lange dauert es dagegen, wenn wir es beim Zahnarzt oder in einer Prüfungssituation verbringen. In der Erinnerung verhält es sich dagegen umgekehrt: viele Wochen ereignisloser Zeit erscheinen in unserem Gedächtnis sehr kurz, der Urlaub, in dem wir so viel erlebten, nimmt dagegen einen wesentlich größeren Raum ein.

Dieses Phänomen ist wiederum verantwortlich dafür, daß wir auch rückblickend sehr schlecht einschätzen können, wie wir unsere Zeit verbracht haben, bzw. wieviel Zeit die einzelnen Tätigkeiten in Anspruch genommen haben. In unserer Erinnerung haben wir uns hauptsächlich mit den wichtigen und interessanten Aufgaben auseinandergesetzt – während in Wirklichkeit viel Zeit mit langweiligen Routinearbeiten, Trödeln und Warten verging.

Erziehung zur Zeiteinteilung?

Da die Fähigkeit zur Zeiteinteilung nicht angeboren ist, muß sie gelernt werden. Dies scheint keine Schwierigkeiten zu bereiten: Die Kinder werden schon sehr früh an genaue Tageseinteilungen gewöhnt. In den meisten Kliniken werden die Neugeborenen im Vier-Stunden-Rhythmus gestillt, in den Familien sind die Zeiten für die Mahlzeiten festgelegt, und die Kinder lernen, daß die Uhrzeit darüber bestimmt, wann gegessen wird, und nicht etwa das

Ausmaß der Hungergefühle. Das gleiche gilt für die Zeiten zum Schlafen, zum Lernen, zum Spielen oder zum Fernsehen. Während der Schulzeit bestimmen die Stundenpläne, wann gelesen, gerechnet oder musiziert wird; auch die Hausaufgaben geben nur scheinbar die Möglichkeit zur Selbständigkeit. Sie werden meist sehr kurzfristig erteilt und von den Eltern streng überwacht. („Erst werden die Hausaufgaben erledigt, bevor du rausgehst.")

Gerade weil aber für die Kinder die meisten Zeiten bereits festgelegt sind, lernen sie nicht, den Tag nach den eigenen Bedürfnissen oder Erfordernissen einzuteilen. Wenn fast alle Termine feststehen, besteht das Problem höchstens noch darin, die Lücken dazwischen sinnvoll zu füllen. Eine eigene Planung ist nicht möglich. Daraus erklärt sich, daß viele junge Leute recht hilflos reagieren, wenn sie plötzlich über größere „Freiräume" verfügen (Urlaub, erste eigene Bude oder – bei Eintritt in die Hochschule – keine Kontrolle der Tageseinteilung und der Hausaufgaben mehr). Viele warten weiterhin auf Signale und Vorgaben aus der Umwelt, ohne eine eigene Übersicht oder Gewichtung zu versuchen. Stehen zur Erledigung bestimmter Aufgaben (z.B. Semesterarbeiten, Prüfungsvorbereitungen) größere Zeiträume zur Verfügung, machen viele Studenten die Erfahrung, daß anfangs

sehr viel Zeit ‚vertrödelt' wird. Erst wenn die Termine näherrükken, arbeiten sie konzentriert und intensiv – gegen Ende oft auch hektisch. Daraus schließen sie, daß sie nur „unter Zeitdruck" arbeiten können – und meinen damit die Abhängigkeit von äußeren „Zeitgebern".

Selbst im Urlaub fällt es den meisten Leuten schwer, sich vom Leben mit der Uhr zu befreien; dies äußert sich beispielsweise darin, daß Hotelgäste sich empört beschweren, wenn das Essen nicht pünktlich serviert wird, oder Ausflügler sich von Verspätungen die Ferienstimmung verderben lassen.

Bei Kindern aus Familien, in denen der Pünktlichkeit besonders große Bedeutung zugemessen wird, kann sich die Ablösung von den Eltern auch in völliger Abkehr von den festgelegten Zeiten äußern. Selbständigkeit und Eigenverantwortung erscheinen nahezu identisch mit freier Tageseinteilung und Unabhängigkeit von Zeitnormen. Ihren Widerstand gegen kontrollierende Autoritätspersonen (Eltern, Lehrer, später auch Vorgesetzte) zeigen sie dadurch, daß sie deren Zeitvorschriften mißachten, d.h. ständig zu spät kommen, die Arbeiten unpünktlich erledigen oder die Zeit verschwenden („totschlagen"). (M. Stein, 1979)

Aggressionen können auch dadurch zum Ausdruck kommen, daß wir „die Zeit eines anderen totschlagen", indem wir ihn, beispielsweise am Telefon oder im Vorzimmer, warten lassen.

Fehler aus Unkenntnis und mangelnder Übung

Viele Fehler im Umgang mit der Zeit werden begangen, weil die Gesetzmäßigkeiten der menschlichen Leistungsfähigkeit nicht bekannt sind. Das Ergebnis ist ein Schwanken zwischen Überschätzung und Selbstzweifeln. Manche Leute planen ein sehr großes Arbeitspensum, weil sie nicht wissen, daß ein Zusammenhang zwischen Gesamtarbeitszeit und Stundenleistung besteht und eine zu lange tägliche Arbeitszeit nur dazu führt, daß die Stundenleistung absinkt (vgl. S. 59f.). Oder sie verzichten während ihres Arbeitstages auf Pausen, weil sie der Meinung sind, dafür keine Zeit zu haben – während Untersuchungen längst beweisen, daß durch die Einführung von Pausen nicht nur die Leistung, sondern auch die effektive Arbeitszeit steigt (s.S. 61f.). Auch die Forschungen der Lernpsychologen liefern Erkenntnisse, wie die Zeit beim Lernen sinnvoll eingeteilt werden kann, bzw. welche Zeiteinteilung einen erhöhten Aufwand erfordert oder eine geringere Lernquote zur Folge hat (s.S. 72f.).

Eine Überlastung oder die Angst davor, den vielfältigen Anforderungen nicht gewachsen zu sein, führt leicht zu Verhaltensweisen, die sich als „Zeitfehler" erweisen: Arbeiten werden hastig oder oberflächlich erledigt, Notizen unvollständig geführt, Unterlagen nicht richtig gekennzeichnet oder nicht systematisch geordnet – alles mit der Absicht, dadurch Zeit zu sparen. Später erweisen sich die Arbeiten als fehlerhaft – und zur aufwendigen Berichtigung kommt der Ärger über sich selbst; die fehlenden Angaben müssen z.B. durch Rückfragen mühsam ergänzt, die Unterlagen in ausgedehnten Suchaktionen wieder beschafft werden.

Ähnlich negativ kann es sich auswirken, wenn man sich keine Zeit für die Weiterbildung sowie für die eigene Information und die Orientierung der Mitarbeiter nimmt: Zeitraubende und vermeidbare Fehler schleichen sich ein.

„Die meiste Zeit wird verloren mit dem Versuch, Zeit zu sparen!"

Wer versucht, möglichst viel zu erledigen, indem er zahlreiche verschiedene Arbeiten anfängt und dann wieder liegen läßt, um eine andere aufzugreifen, beweist ebenfalls seine mangelnde Kenntnis der Gesetzmäßigkeiten: Für jede Arbeit benötigen wir eine gewisse Anlaufzeit, wir müssen uns erst „hineinfinden"; wenn wir eine kleinere Arbeit mehrmals vornehmen und wieder weglegen, ist eine mehrmalige Anlaufzeit erforderlich – die Arbeit nimmt somit insgesamt mehr Zeit in Anspruch als wenn wir sie in einem Zug erledigen.

Leben in anderen Zeiträumen

Die Fähigkeit, seine Zeit zu erkennen und sie zu planen, unterscheidet den Menschen vom Tier. Untersuchungen (vgl. S. 44) zeigen, daß Tiere nur eine sehr eng begrenzte Zeitspanne „gegenwärtig" haben können.

Bei diesen Forschungen wird vor den Augen von Versuchstieren Futter unter einem von mehreren Töpfen versteckt und den Tieren erst nach Ablauf einer bestimmten Zeit Gelegenheit gegeben, danach zu suchen. Ratten können bis zu 30 Sekunden warten, kleinere Affen noch nach 90 Sekunden den richtigen Topf hochheben, später aber auch nicht mehr.

Wildlebende Menschenaffen benutzen zwar teilweise Äste als Werkzeuge. Sie fertigen diese aber nicht auf Vorrat an, sondern erst, wenn sie sie brauchen, um beispielsweise in einem Termitenhügel zu stochern.

Urmenschen in China gebrauchten dagegen bereits vor 400.000 Jahren das Feuer – und bewiesen damit die Fähigkeit zur Vorausschau: um ein Feuer zu unterhalten, muß ständig ausreichendes Brennmaterial vorhanden und somit vorher gesammelt worden sein.

(Goudsmit u.a., 1967)

Der Mensch kann die Vergangenheit in seinem Gedächtnis abrufen und als Ratgeber für sein gegenwärtiges Handeln benutzen, sowie sich die Zukunft vorstellen und daraus Maßnahmen ableiten. Die Fähigkeit, sich die Zukunft vorzustellen, stellt eine der Hauptursachen für die Überlegenheit des Menschen über andere Lebewesen dar.

Diese besonderen menschlichen Fähigkeiten können sich allerdings auch negativ auswirken: Die Vergangenheit wird nicht mehr nur herbeigerufen, um daraus Schlußfolgerungen für die Gegenwart zu ziehen, sondern um aus der Gegenwart zu fliehen. Die Sehnsucht nach „früher“, das Schwelgen in vergangenen Ereignissen nimmt einen immer größeren Raum im Denken des Betreffenden ein und hindert ihn, sich den gegenwärtigen Problemen zu stellen.

Dies gilt natürlich vor allem für den privaten, den Gefühlsbereich; aber auch bei der Arbeit kann die übermäßige Orientierung an der Vergangenheit dazu führen, daß ständig versucht wird, frühere Verhältnisse trotz geänderter Umstände wieder herzustellen, Probleme immer auf die „bewährte Art“ anzugehen und sich neuen Entwicklungen, Ideen und Lösungen zu verschließen.

Auch die Fähigkeit, für die Zukunft zu planen, kann sich negativ auswirken. Wie manche Menschen in der Vergangenheit leben, leben andere in der Zukunft. Ihre Tagträume, in denen sie sich die Erfüllung aller ihrer Wünsche ausmalen, nehmen einen immer größeren Raum ein und verzehren mehr Energie als die Bemühungen, dafür eine Grundlage in der Gegenwart zu schaffen (M. Stein, 1979). Das „wirkliche Leben" wird immer erst später erwartet.

Das menschliche Wissen um die eigene Verletzlichkeit und um die Ungewißheit der Zukunft kann andererseits auch zu Lebensangst und dem krampfhaften Bemühen führen, sich gegen alle Risiken und Eventualitäten abzusichern: Die Sorge um die Zukunft beherrscht die Gegenwart und hindert uns daran, bewußt zu leben. Die positiven Aspekte der Gegenwart werden so oft erst wahrgenommen, wenn sie Vergangenheit geworden sind und wir ihnen voller Bedauern nachtrauern . . .

4. Der Konflikt zwischen Ich und Umwelt

Können Sie Nein sagen?

Haben Sie schon einmal versucht, mit einem deutschen Schulkind eine Verabredung zu treffen? Obwohl die Kinder in der Bundesrepublik von der Grundschule bis zur Oberstufe – im Gegensatz zu den Schülern vieler anderer Länder – nachmittags schulfrei haben, verfügen viele von ihnen kaum mehr über „unverplante" Zeit: Sie besuchen an einem Tag die Musikschule, am nächsten den Turnverein, gehen am dritten in die Tanzstunde oder zum Fußballtraining, am vierten in den Singkreis oder die Konfirmandenunterweisung. Ihre Tage sind gefüllt in dem Bemühen, „alles mitzubekommen" – und spiegeln damit die Freizeitgestaltung der Eltern: auch diese müssen alle Verabredungen lange vorher festlegen, weil zwischen ihren Kursen, Clubs, Vereinen, politischen und kulturellen Aktivitäten so selten ein Abend oder ein Wochenende frei bleibt.

Zum Teil wurzelt dieses Verhalten sicher in der bereits beschriebenen Angst vor der Leere (S. 30), zum Teil aber darin, daß viele Menschen nie gelernt haben, Nein zu sagen und ihre eigenen Bedürfnisse auszudrücken. Wenn ihre Freunde von einem neuen Hobbykurs schwärmen, melden sie sich ebenfalls dazu an; wenn alle Nachbarn am Samstag ihren Wagen waschen, wagen sie es nicht, den ihren weiterhin schmutzig vor der Türe stehen zu lassen. Vom Urlaub in einem Feriendorf mit „Animator" kehren sie erschöpft zurück: Im Bestreben, nichts von dem angebotenen Programm zu versäumen, mußten sie von früh bis spät die Uhrzeit im Auge behalten und von einer Aktivität zur nächsten hetzen.

Die Unfähigkeit, Nein zu sagen, geht vor allem auf zwei „Antriebe" zurück; sie führen dazu, daß der ganze Tag, die ganze Freizeit „zugekleistert" werden: Der eine ist das Bestreben, mitzuhalten, nichts zu versäumen, bei allem dabei zu sein, ob es Spaß macht oder nicht. Jeder Ablenkung, jeder Zerstreuung wird nachgegangen, jede Fernsehsendung muß gesehen, jede Zeitung gelesen, jedes Heft durchgeblättert werden. Die bloße Tatsache, daß ein Angebot vorhanden ist, genügt bereits, es auch anzunehmen, weil Widerstandskräfte fehlen.

Der andere Antrieb ist die Angst, jemanden „vor den Kopf zu stoßen“, gesellschaftliche Regeln zu verletzen. Man übernimmt Pflichten, springt ein, steht bei – nicht aus spontaner Hilfsbereitschaft, sondern weil man fürchtet, sonst „schief angesehen“ zu werden, und weil man aufgrund der eigenen Unsicherheit auf die ständige Anerkennung der Umwelt angewiesen ist.

Der Teufelskreis des „guten Kumpels“

Natürlich entsteht auch hier ein Teufelskreis: Die Mitmenschen gewöhnen sich daran, daß auf Herrn X und auf Frau Z „Verlaß“ ist, daß sie einen „nie im Stich lassen“, und nehmen es bald für selbstverständlich, daß sie mit allen ihren Bitten und Ansinnen jederzeit an diese hilfsbereiten Freunde gelangen können. Je mehr sie helfen, desto höher steigen die Ansprüche, je mehr sich der Ruf von Herrn X und Frau Z verfestigt, desto weniger können sie neue Ansprüche abwehren, ohne den Zorn der Bittsteller fürchten zu müssen. Überschwenglichen Dank wehren sie bescheiden ab und bagatellisieren ihren Einsatz, so daß die Begünstigten auch nie erfahren, wieviel Zeit sie der Freundschaftsdienst gekostet hat – selbst wenn sie es wissen wollten ...

In die gleiche Zwickmühle geraten diese eifrigen „Samariter“ in ihrem Beruf. Jede freundliche Bitte um Erledigung einer unangenehmen Arbeit wird erfüllt. Der Wunsch nach Anerkennung oder Lob kann auch so weit führen, daß alles übergründlich und übergenau gemacht oder sorgfältig verschwiegen wird, wie schwer die Erledigung gefallen ist und in welche Zeitnot sie den Helfer gebracht hat. – Und weil die Umwelt das nicht weiß, fährt sie mit ihren Ansinnen guten Gewissens fort. Über dem Bemühen, es allen recht zu machen und niemandem Grund zu negativen Gefühlen zu geben, verzichtet der unsichere Herr X darauf, seine eigene Arbeit sinnvoll zu planen oder eigene Entscheidungen über die Wichtigkeit der Aufgaben zu treffen.

Natürlich soll mit diesen Bemerkungen nicht gegen Hilfsbereitschaft und gute Nachbarschaft plädiert werden, die gerne gewährt wird und auf Gegenseitigkeit beruht. Das Problem der Leute, die nicht „Nein" sagen können, liegt darin, daß sie sich stets mehr Ämter, Verpflichtungen und unangenehme Arbeiten aufbürden lassen als sie eigentlich übernehmen wollen. Sie kommen sich überlastet und ausgenutzt vor, ärgern sich über sich selbst und die Zumutungen der andern, bringen dies aber nie den „Verursachern", sondern höchstens Dritten gegenüber zum Ausdruck.

Zusammenfassung

- Wenn wir die gestörte Beziehung zur Zeit verbessern wollen, müssen wir die Ursachen kennen.
- Viele Leute klagen zwar über Zeitnot, haben aber Angst davor, zuviel Zeit zu haben.
- Zeitmangel gilt, vor allem im Beruf, als Zeichen für Unersetzlichkeit.
- Hektik und Betriebsamkeit ist oft eine Flucht vor persönlichen Schwierigkeiten.
- Das Bestreben, „frei" zu bleiben, führt zum Verzicht auf eine eigene Planung und setzt uns dafür äußeren Zwängen aus.
- Heranwachsende haben wenig Gelegenheit, den Umgang mit der Zeit zu lernen.
- Wer ständig von Zeitvorschriften eingeengt wird, reagiert oft mit Widerstand und Abneigung gegen jede Zeitplanung.
- Zeitfehler, die aus Unkenntnis der Gesetzmäßigkeiten begangen werden, sind beispielsweise: überlange Arbeitszeiten, Verzicht auf Pausen, hastiges und deshalb fehlerhaftes Arbeiten, häufiger Wechsel von einer angefangenen Arbeit zur andern.
- Die Unfähigkeit, Nein sagen zu können, führt zur Übernahme jedes Zerstreuungs- und Unterhaltungsangebotes von außen.

III. Was weiß die Wissenschaft? – Grundlagen einer sinnvollen Tageseinteilung

Erinnern Sie sich an das Bild vom Zeitkorb? Wenn wir ihn „richtig“ packen wollen, müssen wir zunächst sein „Fassungsvermögen“ sowie gute „Schichtungstechniken“ kennen. Das vorliegende Kapitel gibt einen Überblick über Ergebnisse aus den Bereichen der Medizin, Arbeitsphysiologie und Psychologie, die für unsere Tageseinteilung von Bedeutung sind. Auf die „Umsetzung“, d.h. die Berücksichtigung dieser Ergebnisse bei der eigenen Zeiteinteilung wird in den folgenden Kapiteln eingegangen.

Hilfreiche Informationen

Die Art und Weise der Tagesgestaltung ist zweifellos etwas sehr Persönliches. Sie muß von den individuellen Neigungen und Gegebenheiten ausgehen und läßt sich nicht von einem Menschen zum andern übertragen. Wenn die Tagesgestaltung aber für den Einzelnen befriedigend sein und über längere Zeit aufrecht erhalten werden soll, muß sie allgemeine Bedürfnisse berücksichtigen. Das Wissen um die entsprechenden Forschungsergebnisse ist somit eine Voraussetzung für eine sinnvolle Zeiteinteilung.

1. Tagesrhythmen und Schlafrhythmen

Unsere Leistungsbereitschaft ist nicht zu jeder Stunde gleich groß

Viele Pflanzen und Tiere verfügen über eine sehr genaue biologische Uhr, die es ihnen ermöglicht, bestimmte Tätigkeiten immer wieder zur gleichen Tageszeit aufzunehmen und abzubrechen.

Kennen Sie „Blumenuhren"? Sie zeigen die Zeit, weil die dafür verwendeten Blumen sich zu einer ganz bestimmten Stunde öffnen oder schließen (S. Goudsmit u.a., 1967).

„Wir sind abends nicht die gleichen wie morgens", schreibt der Wissenschaftsjournalist D. Zimmer (1983) und zitiert dazu die neuesten Ergebnisse der Physiologen zur „Chronobiologie" (Erforschung der zeitlichen Strukturen von Lebensvorgängen). Sie zeigen, daß es „nahezu keine physische oder psychische Funktion gibt, die nicht pulst. Im Tagesrhythmus verändern sich etwa die Herzrate, die Körpertemperatur, der Blutzucker- und Blutfettspiegel, die Funktion der Niere, der Glykogengehalt im Blut, die Ausscheidungen im Harn, die Ausschüttungen der großen Stoffwechselhormone und sogar einzelne Gewebestrukturen. Aber auch Reaktionszeit, Rechengeschwindigkeit, Stimmungslagen (Konzentration, Energie, Begeisterung) haben ihr regelmäßiges tägliches Auf und Nieder." (14/83, S. 40)

Interessant ist dabei, daß diese Schwankungen nicht von äußeren „Zeitgebern" abhängig sind, sondern auch auftreten, wenn jeder Hinweis auf die Tageszeit fehlt. Bereits erwähnt wurden die entsprechenden Beobachtungen an Höhlenforschern. Sie wurden eindeutig bestätigt durch systematische Versuche in einem unterirdischen „Bunker", in dem die (freiwilligen) Versuchspersonen ein bis drei Monate ohne jeden Hinweis auf die Tageszeit (ohne Tageslicht, Außengeräusche, bei gleichmäßiger Temperatur und Luftfeuchtigkeit, ohne Kontakte zu anderen Menschen, ohne Telefon, Radio, Fernsehen und natürlich ohne Uhr) verbrachten: Die Tagesrhythmen der Menschen blieben auch nach dieser Zeit erhalten.

Auffällig war allerdings, daß sie keinen genauen 24-Stunden-, sondern einen 25-Stunden-Takt hatten: Der „körpereigene Tag" dauert 25 Stunden – unsere innere Uhr wird aber normalerweise täglich „nachgestellt". Die Wissenschaftler, die dieses Phänomen entdeckten, erklären es damit, daß der Körper auf diese Weise über eine gewisse Leistungsreserve verfügt. Wir können bei Bedarf unseren wachen, aktiven Tag verlängern.

Durch verschiedene „falsche Zeitgeber" (z.B. starkes Licht abwechselnd mit Dunkel in einem anderen als dem 24-Stunden-Rhythmus oder bestimmte Signale) ließ sich der biologische

Rhythmus um bis zu 2 Stunden pro Tag (auf 23 oder 27 Stunden) verlängern oder verkürzen. Die Signale der Außenwelt entscheiden somit darüber, wie unsere innere Uhr täglich gerichtet wird.

Von Bedeutung sind diese Ergebnisse in erster Linie für Schichtarbeiter und Reisende in andere Zeitzonen. Fast 13% der Arbeitnehmer der Bundesrepublik leisten zeitweise Nachtschicht (D. Zimmer, 14/83) „Diese Menschen sind es, deren biologische Tagesperiodik strapaziert wird. Sie müssen immer wieder wach sein und arbeiten, wenn ihre Körperuhr auf Schlaf und Ruhe steht; sie müssen schlafen, wenn der Körper sich selber auf Aktivität einstellt. Das vermindert einmal die Leistungen: Um die Zeit des Körpertemperaturminimums wach zu sein und gar noch eine konzentrierte Arbeit zu verrichten, fällt schwer. Es erzeugt darüber hinaus körperliche Beschwerden: vor allem Schlaf- und Verdauungsstörungen bis hin zu Magengeschwüren." (S. 46)

Gleiche Folgen wie die Schichtarbeit hat – zumindest für die ersten Tage – auch der Flug in andere Zeitzonen, wobei eine „Verkürzung" der Tage infolge des körpereigenen 25-Stunden-Rhythmus für beide Gruppen schwieriger zu verkraften ist als eine Verlängerung. Beim Reisenden wirken jedoch die äußeren Zeitgeber (Geräuschpegel, Tätigkeit der Mitmenschen, Hell-Dunkel) auf die Umstellung der inneren Uhr. Empfohlen wird deshalb, sich diesen „Zeitgebern" möglichst intensiv zuzuwenden und sich nicht etwa in ein verdunkeltes Hotelzimmer zurückzuziehen.

Schichtarbeiter und Fernreisende sind zur Umstellung ihres Rhythmus gezwungen – wer dies nicht ist, tut gut daran, seine Tage im „körpereigenen Rhythmus" zu verbringen.

Es ist nicht gleichgültig, aus welcher Schlafphase wir geweckt werden

Etwa ein Drittel unseres Lebens verbringen wir im Schlaf. Trotzdem ist noch vieles daran unerforscht; die systematische Untersuchung des Schlafes begann erst vor wenigen Jahrzehnten, als das erste EEG (Elektroenzephalogramm) eines Schläfers gemacht wurde. Das EEG mißt die Gehirnströme. Diese Messungen führten zu zwei Erkenntnissen:

1. Das Gehirn ruht im Schlaf keineswegs sondern ist aktiv.
2. Es gibt verschiedene Schlafphasen, die sich während jeder Nacht mehrmals abwechseln. Sie entsprechen einer unterschiedlichen Schlaftiefe (s. Graphik).

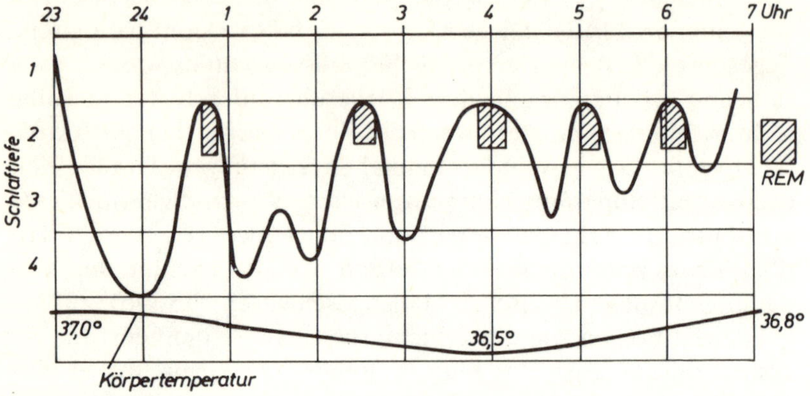

Verlauf der Schlafkurve (nach C. Becker-Carus, 1981)

Eine weitere wichtige Beobachtung betraf die immer wieder unter den geschlossenen Lidern auftretenden schnellen Augenbewegungen. Jeder Schläfer, vom Säugling bis zum Erwachsenen, durchläuft diese REM-Phasen (REM = Rapid-Eye-Movements = schnelle Augenbewegungen) mehrmals pro Nacht. Werden die Schlafenden unmittelbar nach einer solchen Phase geweckt, erzählen sie in der Regel Träume in allen Einzelheiten. Daraus wird geschlossen, daß wir während der REM-Phasen träumen. „Da sie und die einzelnen Stufen des Schlaf-EEGs sich regelmäßig wiederholen, verläuft der Schlaf in Zyklen: Nach dem Einschlafen sinkt der Schläfer rasch ab in den Tiefstschlaf, taucht dann wieder auf, erwacht aber nicht, sondern schläft sich durch eine Periode des zweiten, von schnellen Augenbewegungen und Träumen gekennzeichneten Schlafs, sinkt dann wieder ab in den anderen Schlaf, taucht wieder auf, träumt, sinkt ab – jeder einzelne solche Zyklus ist 70 bis 100 Minuten lang, so daß der Schlaf einer Nacht aus 4 bis 6 Zyklen besteht." (D. Zimmer, 13/83, S. 30.) Je etwa 20 Prozent sind REM- und Delta-(Tief-)Schlaf. Die erste REM-

Phase ist mit etwa 10 Minuten die kürzeste; die nächsten sind 20 bis 40 Minuten lang.

Obwohl die Hirnstromkurven jenen des Wachzustandes ähnlich sind, Herz- und Atemfrequenz sich ebenfalls während des REM-Stadiums jenen des Wachzustandes annähern, ist der Schläfer während dieser Phase besonders schwer zu wecken. Ein günstiger Weckzeitpunkt liegt jedoch kurz nach Ablauf der REM-Phase, bevor der Schläfer erneut in den Tiefschlaf sinkt.

Der Schlafforscher W. Dogs (1977) weist darauf hin, daß Menschen, die am Morgen regelmäßig mürrisch und unausgeschlafen sind, vielleicht eine falsche Weckzeit haben. Schrillt der Wecker während der Traum- oder während der Tiefschlafphase, braucht man lange Zeit, um sein Gleichgewicht wieder herzustellen. Wird die Weckzeit um 10–40 Minuten nach vorn oder zurück verschoben, fällt sie in eine andere Schlafphase und das Aufwachen wird leichter.

Eulen und Lerchen – die unterschiedlichen Schlaftypen

Gehören Sie auch zu den Menschen, die sich immer noch dreimal wieder die Decke über den Kopf ziehen, wenn der Wecker klingelt, die morgens lange brauchen, bis sie ganz „da“ sind – und haben Sie vielleicht einen Partner, der frühmorgens fröhlich pfei-

fend aus dem Bett springt? Oder gehören Sie zu jenen Zeitgenossen, die abendliche Einladungen fürchten, weil sie dabei ständig gegen ihre Müdigkeit ankämpfen müssen und sich nur mit Mühe wachhalten können – und blicken Sie dann unter bleischweren Lidern verständnislos auf Ihre Mitmenschen, die gegen Mitternacht erst richtig in Fahrt kommen?

Ein wichtiges Ergebnis der Schlafforschung besteht darin, daß es zwei grundsätzlich verschiedene Schlaftypen gibt: Den Abend- und den Morgenschläfer (Jovanovic, zitiert von W. Dogs, 1977). Die Extremformen dieser Typen werden wie folgt geschildert:

Beim *Abendschläfer* tritt die Müdigkeit früh ein. Er erreicht schnell den ersten Tiefschlaf, dann werden die Schlafkurven zunehmend flacher. Er erwacht relativ früh, ist am Vormittag leistungsfähig. Die erste Ermüdungswelle fällt in die Zeit zwischen 10 und 11 Uhr, die zweite zwischen 13 und 14 Uhr, die dritte zwischen 17 und 18 Uhr. Am Nachmittag läßt seine Aktivität nach; seine Schlafenszeit liegt meist zwischen 21 und 22 Uhr.

Der *Morgenschläfer* entfaltet seine volle Leistungsfähigkeit am Nachmittag und Abend und wird erst gegen Mitternacht richtig müde. Tagsüber liegen seine Ermüdungsphasen zwischen 13 und 14 sowie zwischen 18 und 19 Uhr. Die ersten Schlafwellen verlaufen relativ flach; erst gegen Morgen fällt er in Tiefschlaf, aus dem er nur schwer und langsam wieder wach wird.

Schlafforscher fanden durch Messungen der Körpertemperatur wichtige Unterschiede zwischen „guten" und „schlechten" Schläfern: Bei *guten* Schläfern sinkt die Temperatur zur Schlafengehenszeit ab, kommt gegen Morgen auf den tiefsten Stand und beginnt 1–2 Stunden vor dem Aufwachen wieder zu steigen. Beim Aufwachen hat sie bereits die normale Höhe erreicht. Bei *schlechten* Schläfern sinkt die Temperatur insgesamt weniger; sie sinkt aber während der ganzen Nacht weiter – auch noch zum Zeitpunkt des Aufstehens. Eine mögliche Erklärung dafür könnte sein, daß die „innere Uhr" der schlechten Schläfer aus dem Takt gekommen ist und die Körperzeit nicht mit der Schlaf- und Wachzeit übereinstimmt.

Gehören Sie zu den Lang- oder zu den Kurzschläfern?

Jede Mutter von mehreren Kindern weiß, daß die Angaben, die über das Schlafbedürfnis der Kinder verschiedener Altersstufen gemacht werden, nur sehr grobe Richtlinien sein können: Schon im Kindesalter bestehen in dieser Hinsicht große Unterschiede. Auch kann das gleiche Kind manchmal ein sehr großes, dann wieder ein geringeres Schlafbedürfnis haben.

Im Erwachsenenalter sind die Unterschiede noch größer. Voller Neid blickt mancher Langschläfer, der täglich 9–10 Stunden Schlaf braucht, auf einen Bekannten, der mit 5–6 Stunden auskommt – dessen Tage und vor allem dessen Freizeit sind dadurch wesentlich länger!

Die Schlafforschung (E. Hartmann, zitiert von H. Rubinstein, 1976) zeigt, daß sich auch die Schlafqualität von Lang- und Kurzschläfern unterscheidet. Untersucht wurden zwei Extremgruppen, die eine mit einem durchschnittlichen Schlafbedürfnis von 5,5 Stunden, die andere mit durchschnittlich 8,5 Stunden. Die REM-Phasen (die mit Träumen verbunden sind, vgl. S. 52) sind bei den Langschläfern wesentlich länger als bei den Kurzschläfern, während die Tiefschlafdauer ungefähr gleich groß ist. Wer lange schläft, scheint somit vor allem mehr Traumphasen zu benötigen.

Psychologische Tests ergaben, daß sich die Persönlichkeiten von Lang- und Kurzschläfern deutlich voneinander unterscheiden: Die Kurzschläfer sind demnach tüchtige, aktive, ehrgeizige, kontaktfreudige und aktive Leute, die keine Sorgen an sich herankommen lassen.

Die Langschläfer werden dagegen als kritischer, nonkonformistisch, ängstlicher, gehemmter, oft auch als künstlerisch und kreativ beschrieben.

Daß die Schlafgewohnheiten etwas mit der Intensität der Verarbeitung zu tun haben, wird auch daraus deutlich, daß sie sich ändern können: wir benötigen mehr Schlaf, wenn wir besonderen Belastungen ausgesetzt sind, weniger dagegen, wenn es uns gut geht.

Kennen Sie die Situation? Es ist Nacht, alles ist ruhig, Sie liegen in Ihrem Bett. Und während alle anderen Hausbewohner friedlich schlummern, wälzen Sie sich von einer Seite zur andern und versuchen ebenso verzweifelt wie vergeblich einzuschlafen. Bei jedem Blick auf die Uhr rechnen Sie aus, wieviele (oder besser: wie wenige) Stunden Schlaf noch blieben, falls Sie jetzt einschlafen würden – was Sie natürlich dann nicht tun. Der Schlaf läßt sich nicht herbeizwingen – im Gegenteil, je krampfhafter man sich bemüht, desto weiter entfernt man sich von der zum Einschlafen notwendigen Entspannung.

Zweifellos hatten die Menschen auch früher schon Schlafstörungen, kam es vor, daß Ängste, Hoffnungen oder unverarbeitete Erlebnisse sie nicht schlafen ließen. Bevor ihnen aber ihre eigenen Uhren oder die Glocken der Turmuhren ermöglichten, die verstrichenen und noch verbleibenden Nachtstunden ängstlich zu beobachten und das eigene Schlafdefizit auszurechnen, waren schlaflose Stunden sicher weniger quälend . . .

Viele Leute greifen in dieser Situation zu Schlaftabletten. Durch Tabletten entsteht aber kein normaler, sondern eine Art „Betäubungsschlaf", der kaum Erholungswert hat und oft sogar negative Reaktionen hervorruft. Wichtig aber kaum bekannt ist, daß in Versuchen bereits eine achttägige Schlafmitteleinnahme ausreichte, um bei Versuchspersonen mit gesundem Schlaf chronische Schlaflosigkeit zu erzeugen (F. Vester, 1976).

Sehr leicht entsteht ein Teufelskreis: Frau X nimmt ein Schlafmittel, weil sie infolge aktueller Probleme schlecht schläft. Bereits nach wenigen Tagen muß sie die Dosis erhöhen, weil die bisherige nicht mehr wirkt. Nach einigen Wochen versucht sie, ohne Tabletten auszukommen – und schläft so schlecht, daß sie sich das nächste Rezept ausstellen läßt.

Wie auch die Vergleiche von Lang- und Kurzschläfern zeigen, kommt den REM-Phasen eine besondere Bedeutung für den Erholungswert des Schlafes zu. Äußere Belastungen oder Vergiftungen durch Alkohol, Kaffee oder Nikotin verändern aber die Schlafrhythmen; Schlafmittel unterdrücken die REM-Phase weitgehend. Andere, mildere Beruhigungsmittel wie Baldrian oder

Hopfen haben zwar keine negativen Auswirkungen – helfen aber auch kaum bei echten Schlafstörungen.

Wer bei Schlafstörungen sofort zur Tablette greift, verfolgt damit meist zweierlei Absichten: er fürchtet, den Aufgaben des nächsten Tages nicht gewachsen zu sein, wenn er nicht genug geschlafen hat – und er fürchtet die schlaflosen Stunden im Bett, allein mit seinen Gedanken.

Interessant ist in diesem Zusammenhang, daß die Wissenschafter bis heute noch nicht herausgefunden haben, *warum* wir überhaupt schlafen. Sie wissen nur, daß das Schlafbedürfnis umso zwingender und unwiderstehlicher wird, je länger man am Schlafen gehindert wird. Länger als 11 Tage und 11 Nächte ist noch kein Mensch ohne Schlaf ausgekommen.

Wenn wir zuwenig geschlafen haben, fühlen wir uns schlecht gelaunt, gereizt. Erstaunlicherweise ist es dagegen schwierig, meßbare Veränderungen durch einen kurzfristigen Schlafmangel festzustellen. Der Arbeitswissenschaftler O. Edholm (1967) weist darauf hin, daß die Wirkungen des Schlafmangels auf die Leistung weitgehend davon abhängen, wie stark das Interesse ist, das die Aufgabe weckt. Kompliziertere Aufgaben können selbst nach 60 Stunden ohne Schlaf ebenso gut gelöst werden wie im Normalzustand, Entscheidungen genauso gut getroffen werden. Dagegen sinken die Leistungen bei eintönigen Wiederholungsarbeiten schon nach einer Nacht ohne Schlaf stark ab. „Es scheint, als ob die Wirkungen des Schlafmangels durch die Anstrengungen aufgehoben werden können, zu denen der einzelne fähig ist. Der Grad der Anstrengung wiederum ist abhängig davon, wie interessant die Aufgabe ist." (a.a.O., S. 195)

Die Angst, wegen einiger schlafloser Stunden in der Nacht vor einer Prüfung oder einem wichtigen Termin nicht voll leistungsfähig zu sein, ist somit unbegründet: während der Stunden, in denen wir gefordert werden, werden wir ganz über unsere Kräfte verfügen können – aber dann vielleicht am Abend vor dem Fernseher einschlafen.

Als problematischer erweist sich für viele die zweite Konsequenz schlafloser Stunden: das Alleinsein mit sich selbst. Alle Probleme werden doppelt groß gesehen, alle Zweifel, Unsicherheiten, Schwierigkeiten, die wir tagsüber durch ständige Aktivität erfolgreich wegschieben können, besetzen beharrlich unsere Gedanken, wenn wir im Bett liegen und verzweifelt den Schlaf herbeirufen.

Wer sich dagegen nicht auf den Kampf einläßt, kann diese Nachtstunden auch positiv nutzen. Oft fallen uns Lösungen, nach denen wir tagsüber vergeblich gesucht haben, plötzlich ein. In vielen Fällen hilft es uns, wenn wir aufstehen und alles, was uns durch den Kopf geht, schriftlich festhalten, um anschließend beruhigt schlafen zu können. Wichtig ist vor allem, daß wir nicht in Panik geraten, sondern uns von der Tatsache beruhigen lassen, daß sich der Körper den dringendsten Schlaf doch holt.

Schlußfolgerungen für die Zeiteinteilung

- Die biologischen Tages- und Schlafrhythmen entscheiden darüber, wann wir wach und leistungsfähig sind und wann uns die Konzentration schwer fällt.
- Wenn nicht besondere Umstände Schichtarbeit erfordern, empfiehlt es sich, die wichtigsten und die höchste Konzentration erfordernden Arbeiten in die Vor- und die Nachmittagsstunden zu legen und die Abend- und Nachtstunden der Erholung zu widmen.
- Auch tagsüber durchläuft die Leistungskurve einige „Wellentäler".
- Die Schlafzeiten können nicht willkürlich gewählt werden. Am besten schlafen wir, wenn sie mit dem „Körperrhythmus" übereinstimmen.
- Das Schlafbedürfnis ist sehr unterschiedlich und vom Persönlichkeitstypus wie auch der aktuellen Situation abhängig.
- Der Schlaf verläuft in verschiedenen Phasen, von denen jede ihre bestimmte Funktion erfüllt. Verschiebungen der Weckzeit nach vorne oder zurück können sich positiv auswirken.
- Schlafmangel wirkt sich vor allem bei Routinearbeiten negativ aus, während bei interessanten Aufgaben die Leistungsfähigkeit kaum beeinträchtigt ist.
- Schlaftabletten blockieren die Traumphasen und ergeben keinen normalen, erholsamen Schlaf.

2. Arbeitszeit und Pausen

Der Zusammenhang zwischen Stundenleistung und Gesamtarbeitszeit

Erinnern Sie sich noch an die Rechenaufgaben, die Sie als Schüler gelöst haben? „Zwei Arbeiter benötigen zur Erledigung einer Aufgabe 18 Stunden. Nach wievielen Stunden ist die Arbeit fertig, wenn 3 Männer daran arbeiten?"

Dieser Art von Rechenaufgaben liegt die Annahme zugrunde, daß die Stundenleistung eines Menschen – gleich wie einer Maschine – stets dieselbe ist und Stundenleistungen deshalb zusammengezählt und multipliziert werden können wie Äpfel oder Nüsse.

In Wirklichkeit ist dies aber keineswegs so. Wird die tägliche Arbeitszeit verlängert oder verkürzt, steigt oder sinkt die Gesamtleistung nicht in gleichem Maße.

> Diese Erfahrung wurde beispielsweise während des 1. Weltkrieges gemacht. Um die Munitionsknappheit zu überwinden, wurden in den Munitionsfabriken Arbeitszeiten bis zu 100 Wochenstunden eingeführt. Die Folgen davon waren nicht nur schwere Gesundheitsstörungen bei den Arbeitern, sondern auch ein Absinken der Produktion (O.G. Edholm, 1967). „Es ist schwierig, das auf unbegrenzte Dauer erträgliche wöchentliche Maximum an Arbeitsstunden in exakten Zahlen anzugeben; für die meisten Arten von Arbeit liegt es etwa zwischen 40 und 50. Es gibt aber merkliche individuelle Unterschiede und auch große Schwankungen je nach Art der Beschäftigung."
>
> (a.a.O., S. 191)

Der Arbeitswissenschaftler G. Lehmann (in „Taschenbuch Mensch und Arbeit", 1974) stellt die Zusammenhänge zwischen Arbeitszeit und Stundenleistung in folgender Graphik dar:

Die *Kurve A* zeigt den gradlinigen Verlauf der Leistung einer Maschine; bei körperlich und geistig wenig anstrengenden Arbeiten, deren Takt von einer Maschine bestimmt wird, verläuft die Kurve ebenso.

Kurve B zeigt den Leistungsverlauf bei stärkerer körperlicher oder geistiger Belastung: Hier ist eine gewisse Anlaufszeit erforderlich, so daß nach 2 Stunden erst 15% der 8-Stundenleistung erreicht sind. Dann steigt die Leistung steil an – nach 6 Stunden sind bereits 85% der 8-Stundenleistung erreicht – um dann wieder abzusinken.

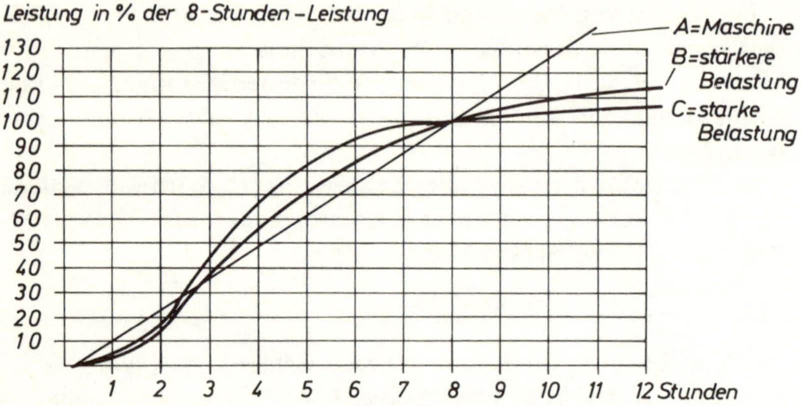

(nach G. Lehmann, Taschenbuch Mensch und Arbeit, 1974)

Kurve C entspricht dem Verlauf bei starker körperlicher Belastung. Hier sind nach 6 Stunden schon 95% der 8-Stundenleistung erzielt, jede weitere Ausdehnung der Arbeitszeit bringt keinen spürbaren Leistungszuwachs mehr.

Zwei Ergänzungen zu diesen Ergebnissen sind erforderlich:

– Die Gesetzmäßigkeiten gelten für regelmäßige Arbeitszeiten. Wenn wir wissen, daß wir eine 60-Stunden-Woche zu bewältigen haben, teilen wir – bewußt oder unbewußt – unsere Kräfte entsprechend ein und arbeiten „auf Sparflamme". Bei kurzen täglichen und wöchentlichen Arbeitszeiten können wir uns intensiver einsetzen. Bei einer vorübergehenden Notlage ist es dagegen durchaus möglich, ein größeres Tagespensum zu bewältigen.

– Die Wirkungen der Ermüdung sind sehr spezifisch, d.h. sie beziehen sich auf jene Arbeiten, die die Ermüdung hervorgerufen haben. Wechselt man zu einer völlig anderen Tätigkeit über, ist keine Abnahme der Leistungsfähigkeit zu beobachten. Dies bedeutet, daß es zwar nicht sinnvoll ist, den Arbeitstag regelmäßig über 8 Stunden auszudehnen, daß wir aber am Abend durchaus noch andere Tätigkeiten erfolgreich ausüben können.

Pausen sind keine Zeitverschwendung

„Heute habe ich zuviel zu tun", argumentiert mancher Überlastete, „eine Pause kann ich mir nicht erlauben". Es ist aber ein Irrtum zu glauben, durch einen Verzicht auf Pausen Zeit sparen zu können. Zahlreiche Untersuchungen zeigen, daß kurze Pausen bei körperlich oder geistig anstrengenden Tätigkeiten die Ermüdung wirksam hinausschieben und damit letztlich die Leistungen erhöhen können.

Der Erholungswert der Pause ist am Anfang am größten, häufige kurze Pausen – z.B. 5 Minuten pro Stunde – sind deshalb wirkungsvoller als längere Pausen in größeren Abständen.

Prozentuale Verteilung einzelner Arbeitselemente (nach E. Grandjean)

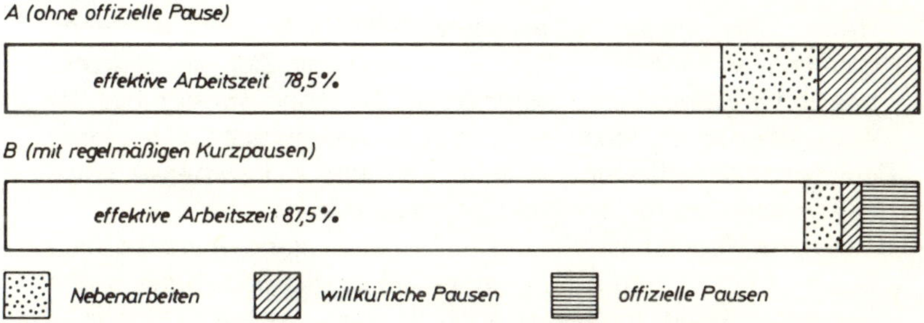

Die Leistungssteigerung durch die Einführung von Pausen geht einerseits darauf zurück, daß die Arbeit beschleunigt und damit der Zeitverlust wettgemacht wird. Eine weitere Wirkung ergibt sich aus Zeitstudien: Kein Mensch arbeitet ununterbrochen. Sowohl bei körperlichen als auch bei geistigen Tätigkeiten müssen wir zwischendurch immer wieder „abschalten". Wir tun dann entweder einfach nichts (willkürliche Pause) oder wir täuschen irgendeine Nebenarbeit vor: umständliches Suchen, Zurechtsetzen, den Arbeitsplatz in Ordnung bringen, unter einem Vorwand aufstehen („maskierte" Pausen). Werden regelmäßige „offizielle" Pausen eingeführt, nehmen die willkürlichen und maskierten Pausen ab – die effektive Arbeitszeit aber zu (O. Graf, zitiert von E. Grandjean, 1963).

Schlußfolgerungen für die persönliche Zeiteinteilung

- Es besteht ein direkter Zusammenhang zwischen Gesamtarbeitszeit und Stundenleistung. Wird die Gesamtarbeitszeit über ein gewisses Maß – das von der Art der Arbeit abhängt – ausgedehnt, sinkt die Stundenleistung.
- Die Wirkungen der Ermüdung beschränken sich auf die Art der Arbeit, die die Ermüdung bewirkt hat. Beim Wechsel zu einer ganz anderen Tätigkeit fühlen wir uns wieder frisch.
- Rechtzeitig eingesetzte Pausen schieben die Ermüdung hinaus und verbessern die Leistungsfähigkeit.

3. Wieviel Streß braucht der Mensch?

> Bevor Herr Müller seinen Herzinfarkt hatte, war er selten zuhause. Mit großem Ehrgeiz verfolgte er sein Ziel, eine Spitzenposition in seiner Firma zu erreichen. Morgens war er meist der erste, abends der letzte, der das Büro verließ, bepackt mit einer schweren Aktentasche, um zuhause weiter zu bearbeiten, wozu er während des Tages nicht gekommen war.
>
> Auch während seiner spärlichen Freizeit stand er immer unter Druck. Trieb er – auf Anraten seines Arztes und Bitten seiner Familie – Sport, strebte er auch da nach Höchstleistungen – Abschalten und Entspannen war ihm nicht möglich.
>
> Alle Anzeichen, daß die Firma in finanziellen Schwierigkeiten war, versuchte er zu übersehen und durch erhöhten Arbeitseinsatz zu verdrängen. Den Herzinfarkt erlitt Herr Müller, kurz nachdem die Firma Konkurs gemacht und er seinen Arbeitsplatz verloren hatte.

Von gesundheitsschädlichem, ja tödlichem Streß ist heute überall die Rede. Immer mehr Leute fühlen sich unter Druck, überlastet, den Anforderungen nicht gewachsen, „gestreßt". Bekannt ist der Zusammenhang zwischen Streß und Krankheiten wie Migräne, Magengeschwüre und Herzanfälle. Viele Forscher haben sich in den letzten Jahren mit dem Streß befaßt. Und weil natürlich eine enge Beziehung zwischen Zeitnot und Streß besteht, sollen die wichtigsten Ergebnisse auch hier dargestellt werden.

Nicht jeder Streß ist gesundheitsschädlich

Streß ist nicht von sich aus schon etwas Negatives, meint der Biochemiker Frederic Vester, der sich intensiv mit dem „Phänomen Streß" befaßte (1976). Der Begriff Streß wurde 1950 von dem ungarischen Mediziner H. Selye in die Biologie eingeführt. Gemeint war etwas Ähnliches wie vorher in der Materialprüfung: Die Reaktionen eines Lebewesens auf die Belastungen, denen es durch Hetze, Lärm, Schmerz oder Angst ausgesetzt ist. Der Körper reagiert mit Anspannung, mit einem Bereitschafts- oder Alarmzustand. Aufmerksamkeit, Muskelkraft sowie verschiedene andere Körperfunktionen sind zu höchstem Einsatz bereit. Streßreaktionen waren früher sinnvoll und lebensrettend; sie sorgten dafür, daß bei Gefahr in Sekundenschnelle alle Reserven für eine extreme Leistung aufgeboten wurden.

Heute ist unsere Umwelt nicht mehr natürlich – und die natürliche Streßreaktion entspricht nicht den Erfordernissen. Unser Körper reagiert noch in gleicher Weise wie bei unseren Ahnen der Steinzeit: Fühlen wir uns bedroht, unter Druck, bereitet er sich auf eine sofortige körperliche Höchstleistung (Angriff oder Flucht) vor. Die heutigen Gefahren sind aber keine wilden Tiere mehr; bedroht fühlen wir uns, wenn wir den Anforderungen nicht gewachsen sind, wenn wir unsere Arbeit nicht rechtzeitig fertigstellen können, wenn Unvorhergesehenes dazwischenkommmt. Bedroht ist nicht unser Leben, sondern unser Ansehen, unser Selbstwertgefühl. Und nicht nur die Situationen selbst, auch schon der Gedanke daran, die damit verbundenen Befürchtungen, können Streßreaktionen auslösen.

Wir können uns diesen Gefahren jedoch nicht durch den Einsatz unserer Körperkräfte entziehen, sondern halten ihnen zumeist (äußerlich) bewegungslos stand.

Gesundheitsschädigend ist aber nicht der Alarmzustand selbst, die Mobilisierung der Kräfte oder die Anstrengung – sondern das Fehlen von Entladungsmöglichkeiten. Kinder können sich nach dem Unterricht auf dem Schulhof austoben – Erwachsene haben meist wenig Möglichkeiten, ihre Anspannung abzureagieren. Aus Bequemlichkeit und um der Zeitersparnis willen, werden die wenigen bestehenden Möglichkeiten noch weiter ausgeschaltet: Auch kürzeste Entfernungen legen wir mit dem Auto zurück, suchen verbissen nach einem Parkplatz in unmittelbarer Nähe des Arbeitsplatzes und schalten Treppen grundsätzlich mit dem Fahrstuhl aus.

In einem Experiment wurde eine (Kontroll-)Gruppe von Mäusen, die ein „bequemes", „gleichmäßiges" Leben führte, mit einer (Versuchs-)Gruppe von Mäusen verglichen, die immer wieder leichtem Streß ausgesetzt war: die Temperatur schwankte häufig, die Tiere wurden oft angefaßt und bekamen auch leichte Elektroschocks. Durch Bewegung im Tretrad konnten sie aber auf den Streß reagieren. Die Versuchsgruppe lebte länger und war widerstandsfähiger als die Kontrollgruppe.

F. Vester, der von diesem Experiment berichtet, schließt daraus, daß ein lebender Organismus auf Reize aus der Umwelt angewiesen ist, um zu überleben, daß aber die richtige Dosierung über deren Wirkung entscheidet. „Die gleichen Reize, Temperaturunterschiede, Geräusche, Aufregungen, Freude, Spannung, deren völliges Fehlen lebensuntüchtig und anfällig macht und frühzeitig vergreisen läßt, diese Reize werden zu tödlichen Faktoren, wenn sie in großer Stärke und unaufhörlich auf den Organismus eintrommeln."

(F. Vester, 1976, S. 330)

Stehen Sie unter Streß?

Der Streß-Forscher C. Cooper (1981) zitiert einen von Gurin entwickelten Fragebogen, mit dessen Hilfe sich jeder selbst auf Streß-Symptome prüfen kann. Anzugeben ist dabei, wie oft man während der vergangenen drei Monate folgende Verhaltensweisen beobachtet hat:

- Ich habe Schwierigkeiten, ein- oder durchzuschlafen
- Ich fühle mich nervös, zappelig oder angespannt
- Ich habe Kopfschmerzen
- Zeitweilig fehlt mir der Appetit
- Ich bin leicht ermüdbar
- Es fällt mir schwer, morgens aufzustehen
- Aus Krankheitsgründen war ich gezwungen, weniger zu arbeiten
- Unvorhergesehenes bringt mich aus der Fassung
- Ich neige dazu, leicht zu weinen
- Ich rauche, trinke oder esse mehr als für mich gut ist
- Es wird mir für Momente schwindelig
- Ich fühle mich geistig erschöpft
- Ich habe Mühe, mich zu konzentrieren
- Ich kann mich einfach nicht aufraffen, gewisse Dinge zu erledigen
- Ich möchte manchmal einfach in Ruhe gelassen werden.

Nach übereinstimmender Aussage verschiedener Autoren kann vor allem an folgenden Symptomen erkannt werden, ob jemand unter Streß steht (C. Cooper, 1981):

- Unfähigkeit zur Entspannung, die zu Alkoholismus und Schlaftablettenmißbrauch führen kann
- Starkes Rauchen
- Rückzug aus Beziehungen
- Unangebrachte Aggressionen und Gereiztheit
- Rigidität, Vorurteile
- Schwierigkeiten, rational zu denken und alle Aspekte eines Problems zu sehen.

Wer ständig unter Streß steht, ist besonders gefährdet für Herzkrankheiten oder Herzinfarkt. Diese Zusammenhänge sind zwar bekannt – die Vorbeugung von Herzkrankheiten ist dadurch aber nicht unbedingt einfacher geworden. Es ist nicht immer die Umwelt, die den Menschen zuviel Arbeit aufbürdet – der Schlüssel zum Streß liegt in der Persönlichkeit des Einzelnen. Zahlreiche Untersuchungen zur Streß-Forschung (zusammengefaßt in C. Cooper, 1981) belegen, daß es ein bestimmtes Verhaltensmuster ist, das zur Infarktgefährdung führt: Die Menschen sind ehrgeizig, suchen Konkurrenzsituationen und streben stets nach Höchstleistungen, sind aggressiv, hektisch, ruhelos. Ihre Arbeit nimmt sie so stark in Anspruch, daß die anderen Aspekte des Lebens darüber vernachlässigt werden. Sie drängen danach, ständig neue Aufgaben zu übernehmen und bringen sich selbst immer wieder unter neuen Zeitdruck. Die amerikanischen Herzspezialisten Friedman und Roseman (zitiert von H. Ernst, 1980) weisen darauf hin, daß ein solches Verhaltensmuster in den westlichen Industriegesellschaften immer noch respektiert und als notwendig für ein erfolgreiches Leben angesehen wird – obwohl es eine Störung und eine Hauptursache für den Herzinfarkt ist.

Wie kann der Streß abgebaut werden?

Wer aufgrund seiner Persönlichkeit immer neuen Streß herausfordert, kann sich der Belastung nur schwer entziehen. In vielen Fällen rütteln erst der erste Herzinfarkt oder zunehmende Beschwerden den Betroffenen auf und führen zur Besinnung und dem Wunsch, andere Prioritäten zu setzen. Ohne fremde Hilfe ist dies meist nicht möglich. Kurse, Bücher, Gruppen, in denen Entspannungstechniken, autogenes Training, Yoga oder Meditation erlernt werden können, sind aber heute jedem zugänglich. Wichtig ist vor allem, sein Lebenstempo drosseln, abschalten, sich auf den Augenblick einstellen zu können. Die Patienten Friedmans lernen beispielsweise, langsamer zu gehen, langsamer zu essen, ruhiger zu sprechen.
Die Herzspezialisten geben ihren Patienten folgende Empfehlungen (zitiert von C. Cooper, 1981):

- Bauen Sie in Ihrem Lebensprogramm Zeiten der Besinnung ein, schaffen Sie Gelegenheiten, über die Ursachen der krankhaften Hektik nachzudenken.
- Fragen Sie sich immer wieder: Ist die Hektik wirklich unerläßlich, um dieses persönliche Ziel zu erreichen? Wird diese Angelegenheit auch in fünf Jahren noch wichtig sein? Muß ich sie sofort in Angriff nehmen oder habe ich genug Zeit, um darüber nachzudenken, wie sie am besten zu erledigen ist?
- Werden Sie sich darüber klar, daß die meisten Ereignisse nicht unbedingt ein „unmittelbares Handeln" verlangen. Gute Entscheidungen können ohne Hetze und Termindruck besser getroffen werden.

- Treffen Sie keine unnötigen Verabredungen und vereinbaren Sie keine unerfüllbaren Termine.
- Lernen Sie, nein zu sagen. Wenn Sie nicht selbst Ihre Zeit sichern, wird es niemand anders tun.

– Sorgen Sie für möglichst viele streßfreie Atempausen in einem intensiven Arbeitstag, in denen Sie Zeitung lesen, einen kurzen Spaziergang machen oder ein paar Worte mit netten Leuten wechseln, um den Druck von der unmittelbaren Aufgabe wegzunehmen.

Eine entscheidende Rolle beim Streß-Abbau kommt natürlich einer sinnvollen Zeiteinteilung zu. Bei Terminen, die selbst gesetzt werden können, muß genügend Reserve für andere Aufgaben und Unvorhergesehenes eingeplant werden – in viele Drucksituationen haben wir uns aus falschem Ehrgeiz selbst gebracht. Aber auch Termine von anderen müssen wir nicht widerspruchslos akzeptieren, wenn sie sich nicht in unsere Zeitplanung einpassen lassen. Meist nützen wir den vorhandenen Spielraum nicht aus, weil wir nicht zugeben wollen, daß wir sonst unter Druck geraten.

Wichtig ist vor allem, daß wir uns „Rückzugszonen" schaffen. Wir mögen zwar ein gewisses Maß an Aufregungen, Anspannungen brauchen, um geistig fit zu bleiben. Auf Zeiten des Streß, in denen wir uns einsetzen und einer herausfordernden Tätigkeit nachgehen, sollten aber Zeiten der Entspannung folgen, in denen wir wieder die nötige Distanz und Ruhe gewinnen.

Allerdings ist es nicht damit getan, arbeitsfreie Zeiten zu planen und dann in dieser Zeit neuen Höchstleistungen nachzujagen. So kam der Streßforscher H. Wolff zu dem paradoxen Ergebnis, daß Migräne nicht dann auftritt, wenn der Streß am größten ist, sondern dann, wenn der Druck nachläßt, meist an Wochenenden, am Sonntag. Nach Wolffs Meinung liegt dies daran, daß der durchschnittliche Migränepatient nichts mit seiner Freizeit anzufangen weiß. „Für ihn wie für den Herzinfarktpatienten scheint der Sinn des Lebens in der Arbeit zu bestehen. Während jedoch der Herzinfarkttyp hart arbeitet, um seine Umwelt in den Griff zu bekommen, sie zu beherrschen" (F. Vester, 1976, S. 134), sucht der Migränetyp durch seine Arbeit Anerkennung, Bewunderung, Liebe, um sein Gefühl der Wertlosigkeit zu beseitigen. Seine ständige Zweifel versucht er durch immer noch härtere Arbeit zu verdrängen. In der Freizeit bricht er deshalb zusammen.

- Streß ist nicht immer negativ. Zu vermeiden ist eine „Überdosis“
- Überprüfen Sie Ihre eigenen Ziele
- Vermeiden Sie, sich selbst unter Druck zu setzen
- Bauen Sie „Luft“, Zeitpolster bei allen Terminen ein
- Planen Sie Minuten der Entspannung in jeden Arbeitstag ein
- Ist Ihre Freizeit frei von Streß?
- Erlernen Sie Entspannungstechniken, wenn Ihnen das Abschalten schwerfällt.

4. Eigentlich wissen wir, was gesund ist

Wir können unsere Zeit noch so schön und sorgfältig planen – wenn wir krank werden, werden auch die besten Pläne hinfällig. Bei jeder längerfristigen Planung tun wir deshalb gut daran, zwischen Minimalplan (was wir auf alle Fälle erledigen wollen) und Zusatzplan (der alle jene Dinge enthält, die wir zwar auch gerne durchführen wollen, die wir aber verschieben können, falls etwas dazwischen kommt) zu unterscheiden.

Auf der anderen Seite kann ein sinnvoller Umgang mit unserer Zeit auch viel zur Erhaltung unserer Gesundheit beitragen. Aus dem vorangehenden Abschnitt über die gesundheitlichen Schädigungen durch den Streß ergibt sich bereits, wie wichtig es ist, daß wir abschalten, entspannen können, daß wir Rückzugszonen haben und unsere Tage nicht bis zur letzten Minute mit Arbeit und Anspannungen vollpacken. Hier soll noch auf zwei Bereiche eingegangen werden, deren angemessene Berücksichtigung bei der Zeiteinteilung für unsere Gesundheit von großer Bedeutung ist: Ernährung und Bewegung.

Über Ernährung wird viel geschrieben

Heutzutage wissen schon die Kinder, welche Nahrungsmittel dick machen und welche gesund sind, wie ein ausgewogener Speisezettel aussehen und welche Nahrungsmittel man bevorzugen sollte.

In unserem Zusammenhang interessiert vor allem die Frage nach den richtigen Zeiten.

Zwei Tatsachen sind zu berücksichtigen:

- Nach einer größeren Mahlzeit vermindert die Belastung der Verdauungsorgane unsere Leistungsbereitschaft: ein voller Bauch studiert nicht gern.
- Auch ein leerer Magen hemmt die Leistungsfähigkeit. Sportler sprechen vom „Hungerast". Wenn wir mehrere Stunden nichts gegessen haben, sinkt der Blutzuckerspiegel, was Ermüdungsgefühle und ein Absinken der Leistungen zur Folge hat (E. Grandjean, 1963).

Um während des ganzen Tages fit zu sein, empfiehlt es sich deshalb, dafür zu sorgen, daß der Bauch weder zu voll noch zu leer wird. Am besten wird die Nahrungsaufnahme auf fünf Zeiten verteilt:

- Ein kräftiges Frühstück
- Ein kleiner Imbiß in der Mitte des Vormittags
- Ein Mittagessen, das nur dann üppig sein kann, wenn anschließend genügend Zeit zur Verdauung und Entspannung vorhanden ist
- Eine Kaffeepause in der Mitte des Nachmittags
- Ein Abendessen, das bei kurzer Mittagspause zur Hauptmahlzeit wird.

Wichtig ist auch, daß wir uns zum Essen Zeit nehmen. Bei vielen Leuten reicht es bereits beim Frühstück nicht mehr. Sie stehen zu spät auf, und um Zeit zu sparen, verzichten sie entweder ganz auf ein Frühstück oder schütten nur hastig eine Tasse Kaffee in sich hinein – ein schlechter Start und – infolge der Auswirkungen auf die Leistungsfähigkeit – kein Zeitgewinn.

Der Mensch ist nicht zum Sitzen geboren

Das Gleiche wie für die Ernährung gilt auch für die Bewegung: Jeder kennt die Mahnungen der Ärzte, jeder weiß, daß Bewegungsmangel eine Hauptursache für viele Zivilisationskrankheiten ist. Die meisten sind denn auch voll guten Willens, nehmen sich immer mal wieder vor, regelmäßig Rad zu fahren, sich im Turnverein anzumelden oder Frühgymnastik zu treiben. Bei vielen bleibt es beim Vorsatz, andere geben nach dem ersten Muskelkater wieder auf – es ist schwer, seine Lebensgewohnheiten nur aufgrund seiner Einsicht zu ändern.

Sport ist nicht nur „Leibesübung“ – er kann auch verschiedene andere wichtige Bedürfnisse erfüllen. Bei einem langen Spaziergang, beim Langlauf oder Radfahren können wir Belastungen abreagieren, Rückschau halten, Pläne machen, unsere Gedanken ordnen, während andere Sportarten, wie z.B. Fußball oder Tennis uns ganz in die Gegenwart bringen, den Augenblick erleben lassen.

Versuchen Sie es einmal anders – wählen Sie eine Sportart oder ein Bewegungstraining nicht aus schlechtem Gewissen oder Pflichtgefühl, sondern überlegen Sie sich, an was Sie am meisten Spaß haben. Wenn das Training für uns nur eine zusätzliche Belastung, eine weitere Anspannung in einem Tagesablauf voller Termine und Forderungen ist, werden wir kaum auf Dauer dabei bleiben. Nur wenn wir an der Bewegung selbst Freude haben, wenn wir dabei abschalten, den aufgestauten Ärger vergessen können, tun wir wirklich etwas für uns selbst. Überlegen Sie, welche Art des Trainings für Sie diese Bedingung erfüllt. Am besten gewinnen Sie noch einige Gleichgesinnte dafür, mit denen Sie sich regelmäßig verabreden, oder Sie melden sich zu einem Kurs an: Gemeinsam macht es nicht nur mehr Spaß – auch das Durchhalten fällt leichter; an Verabredungen mit anderen halten wir uns eher als an unsere eigenen guten Vorsätze.

5. Zeiteinteilung beim Lernen

Vier Gruppen von je 18 Postangestellten erhielten Unterricht in Maschinenschreiben; die Übungszeiten waren wie folgt verteilt:

1. Tag	2. Tag	3. Tag	Gesamtzeit
A X	X	X	12 Wochen
B X X	X X	X X	6 Wochen
C XX	XX	XX	6 Wochen
D XX XX	XX XX	XX XX	3 Wochen

Gruppe A wurde täglich 1 Stunde, Gruppe B zweimal täglich eine Stunde, Gruppe C einmal täglich zwei Stunden und Gruppe D zweimal täglich 2 Stunden unterrichtet. Alle vier Gruppen erhielten zunächst 60 Unterrichtsstunden. Da die Leistungen der Gruppen B, C und D danach noch ungenügend waren, erhielten sie noch weitere 20 Unterrichtsstunden.

Anschließende Prüfungen zeigten, daß die Gruppe A sowohl hinsichtlich Lerntempo als auch hinsichtlich Schreibgeschwindigkeit die besten Leistungen erbrachte. Die Leistungen der Gruppe D waren auch noch nach 80 Unterrichtsstunden jenen der Gruppe A nach 60 Unterrichtsstunden unterlegen. Gruppe D machte mehr Schreibfehler und schnitt in Prüfungen nach 1, 3 und 9 Monaten am schlechtesten ab.

(A. Baddeley, 1979)

Diese Ergebnisse zeigen, daß nicht nur die Gesamtzahl der für das Lernen aufgewendeten Stunden über den Erfolg entscheidet, sondern auch deren Verteilung: Die Lernfortschritte sind wesentlich größer, wenn das Lernpensum in häufigeren kleinen als wenn es in wenigen großen Etappen aufgenommen wird.

Die Verteilung der Lernzeiten hat natürlich nicht nur beim Maschinenschreiben einen wesentlichen Einfluß auf das Lerntempo und die Behaltensleistungen. Dies wies der Psychologe H. Ebbinghaus bereits Ende des letzten Jahrhunderts bei seinen Selbstversuchen nach: Um eine Liste von 12 sinnlosen Silben auswendig zu lernen, benötigte er 68 Wiederholungen. Nach 24 Stunden brauchte er nochmals 7 Wiederholungen, um die Liste fehlerfrei wiedergeben zu können. Als er aber die Lernarbeit auf 3 Tage verteilte, erlernte er eine analoge Liste in nur 38 Wiederholungen; 24 Stunden später genügten 5 Wiederholungen zum neuerlichen Beherrschen (H. Ebbinghaus, zitiert von K. Foppa, 1965).

Zahlreiche andere Untersuchungen bestätigen dieses Ergebnis. Dabei zeigte sich, daß die Vorteile der verteilten Übung umso größer waren, je mehr Stoff gelernt und je später wiederholt werden mußte. Durch die Verteilung auf verschiedene Lernetappen ergibt sich nicht nur eine Zeitersparnis bei der Aufnahme, sondern auch eine dauerhaftere „Verankerung".

Wie funktioniert das Gedächtnis?

Verständlich werden diese Ergebnisse, wenn wir uns vergegenwärtigen, wie unser Gedächtnis funktioniert. Ankommende Informationen werden nicht einfach vergessen oder behalten; um gespeichert zu werden, müssen sie drei verschiedene Stufen und Filter durchlaufen (s. Abbildung S. 74).

Dabei ist wichtig zu wissen:

- Die Aufnahmekapazität ist begrenzt; wir können zwar relativ viele Informationen in den Kurzspeicher aufnehmen – nur einen kleinen Teil davon aber ins Kurzzeitgedächtnis weiterleiten. Nach einmaligem Hören oder Lesen können wir etwa sechs bis sieben sinnlose Silben oder Zahlen fehlerfrei behalten. Ohne Wiederholung bleibt das Material aber nur kurze Zeit im Gedächtnis haften.
- Eine Vielzahl von Faktoren (z.B. Interesse, Bedeutsamkeit der Information, Störungen) entscheiden darüber, welche Informationen in den Speicher weitergeleitet werden und welche als uninteressant „abgewimmelt" werden (F. Vester, 1975).
- Für die Einteilung der Lernzeiten ist vor allem auch wichtig zu wissen, daß die Inhalte im Kurzzeitspeicher *störbar* sind. Verschiedene Arten von „Hemmungen" werden unterschieden:

– Vorauswirkende Hemmungen: Wenn sich Lernprozesse in langer Folge erstrecken, wird die Aufnahmekapazität überfordert. Es besteht keine Möglichkeit zur Nachwirkung und damit zum Übergang ins Langzeitgedächtnis. Die ersten Lernvorgänge hemmen die Einprägung der zweiten.

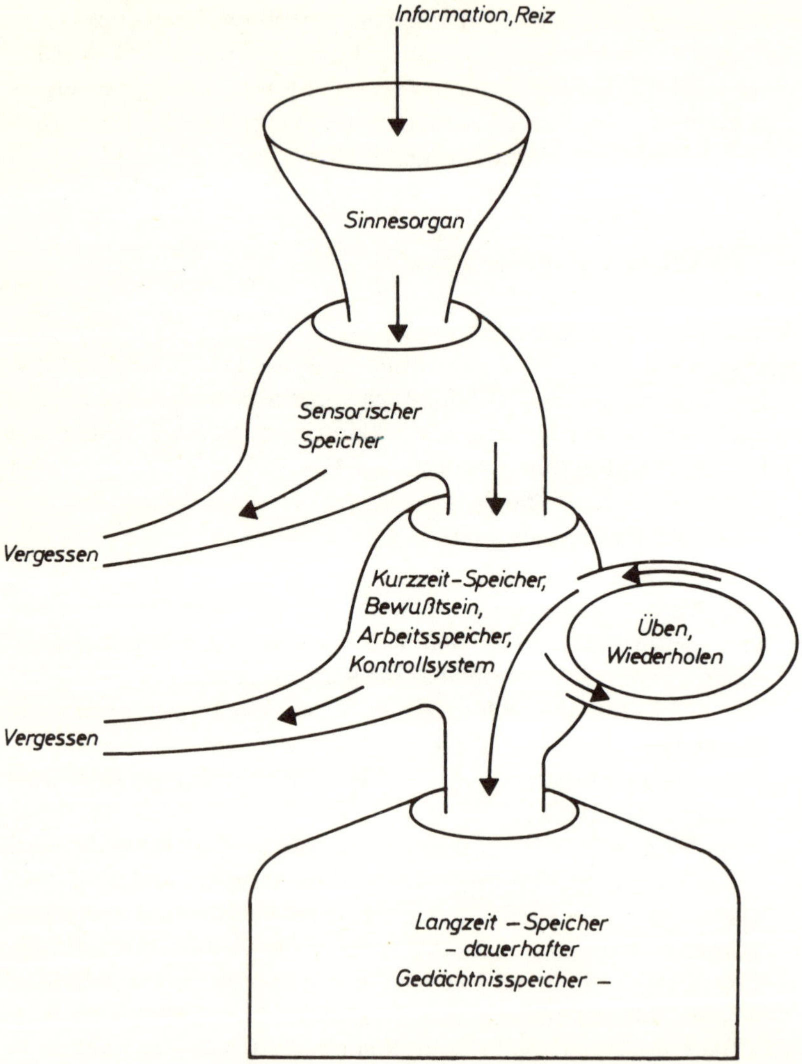

- Rückwirkende Hemmung: Bekommt eine Gruppe von Versuchspersonen kurz nach dem Einprägen eines Lernstoffes eine zweite Lernaufgabe, kann diese Gruppe später den ersten Stoff schlechter wiedergeben als eine zweite Gruppe, die nur diesen ersten Stoff lernen mußte (K. Foppa, 1975).
- Ähnlichkeitshemmung: Durch falsche Speicherung ergeben sich Verwechslungen, wenn sich ähnliche Lernstoffe folgen (z.B. französische Vokabeln nach spanischen Vokabeln).
- Gleichzeitigkeitshemmung: Störungen durch gleichzeitiges Aufnehmen mehrerer Informationen (z.B. Radio und Lernaufgabe).
- Erinnerungshemmung: Die Wiedergabe bzw. der Abruf gespeicherter Informationen wird gestört, wenn kurz vorher nochmals neue Lernprozesse in Gang gesetzt werden. Dies wird beispielsweise dann beobachtet, wenn Schüler kurz vor Beginn der Prüfung noch ein ganz neues Kapitel in Angriff nehmen; an der Prüfung erinnern sie sich plötzlich nicht mehr an das früher Gelernte (K. Schuster, 1980).

Schlußfolgerungen für die Zeiteinteilung beim Lernen

- Nicht zu lange Zeit hintereinander lernen; sonst werden die Informationen zwar in den Kurzzeit-Speicher aufgenommen, aber keine Voraussetzungen für ein dauerhaftes Behalten geschaffen.
- Wechseln zwischen Aufnehmen (z.B. Lesen) und Wiedergeben (mündlich oder schriftlich). Nach einiger Zeit zu einem ganz anderen Stoffgebiet übergehen.
- Bei größeren Lernaufgaben rechtzeitig Pausen einschalten. Besser als tagelanges konzentriertes Lernen ist eine Aufteilung in kürzere Lernetappen. Wer vor einer Prüfung rechtzeitig mit Lernen beginnt und beispielsweise während 10 Wochen je 4 Stunden pro Woche lernt, wird einen wesentlich größeren Lernerfolg aufweisen als ein Kollege, der während der letzten Woche 40 Stunden vor den gleichen Büchern sitzt.
- Je umfangreicher der Lernstoff ist und je langfristiger die Speicherung sein soll, desto wichtiger werden *Wiederholungen*. Die erste Wiederholung sollte möglichst bald nach dem Lernen

stattfinden, die weiteren dann in zunehmend größeren Abständen.

– Empfehlenswert bei umfangreichen Lernaufgaben (Vorbereitung auf große Prüfungen) ist folgendes Vorgehen:

  – Aufgliederung des Stoffes in Lernetappen
  – Lernen im Wechsel von Aufnehmen und Verarbeiten
  – Am Ende jeder Lernetappe Kontrolle der Notizen, ob alles klar ist und verstanden wurde
  – Zu Beginn der nächsten Lernetappe Repetition des vorangegangenen Lernstoffes
  – Erneute Wiederholung nach einer Woche und nach einem Monat.

Ablauf einer Lernetappe:

Wiederholung des Stoffes der Vorwoche
Wiederholung des Stoffes vom Vortag
Neulernen
Kontrolle der Notizen und des Verständnisses Vorbereiten der Unterlagen für die nächste Lernetappe

Auseinandersetzung mit der eigenen Zeit

Nimm dir Zeit, um zu arbeiten; es ist der Preis des Erfolgs
Nimm dir Zeit, um nachzudenken; es ist die Quelle der Kraft
Nimm dir Zeit, um zu spielen; es ist das Geheimnis der Jugend
Nimm dir Zeit, um zu lesen; es ist die Grundlage des Wissens
Nimm dir Zeit, um freundlich zu sein; es ist das Tor zum Glücklichsein
Nimm dir Zeit, um zu träumen; es ist der Weg zu den Sternen
Nimm dir Zeit, um zu lieben; es ist die wahre Lebensfreude
Nimm dir Zeit, um froh zu sein; es ist die Musik der Seele.

(irischer Autor, zitiert von E. Oesch, Thalwil – Zürich)

Das Zitat spricht viele Menschen an. Wer möchte nicht Zeit haben, um nachzudenken, um zu spielen, um zu träumen oder zu lieben; wer wüßte nicht, daß dies die wesentlichen Dinge sind, daß das Leben ohne sie nicht erfüllt sein kann. Aber oft „nehmen" wir uns die Zeit nicht dafür, sondern warten darauf, daß sie uns „geschenkt" wird.

Bei der Planung der Zeit gehen wir meist davon aus, was erledigt werden muß, welche Termine einzuhalten sind, welche Arbeiten, die andere von uns erwarten, wir auch noch unterbringen können. Die Frage, was für uns wichtig ist, geht dabei oft unter. Wir verschieben viele Bedürfnisse und Ziele auf den Zeitpunkt, in dem alles andere erledigt ist.

Kehren wir zurück zu unserem Zeitkorb. Die eben zusammengefaßten „hilfreichen Informationen" ermöglichen uns, das Fassungsvermögen des Korbes zu ermitteln und geben Hinweise darauf, wie die Pakete gepackt werden, damit sie sich nicht gegenseitig stören oder zerquetschen.

Die wichtigste Frage lautet aber: Wer bestimmt, was wir packen? Welche Pakete wollen wir überhaupt mitnehmen, welchen Umfang können sie haben? Was ist uns wichtig, womit wollen wir unsere Zeit verbringen, welche Ziele stehen für uns an erster Stelle?

Haben Sie Kinder? Wenn ja, geht es Ihnen wahrscheinlich wie den meisten Eltern: Bei aller Liebe – Zeit, um mit ihnen zu spielen, zu sprechen, auf sie einzugehen, bleibt eigentlich kaum. Solange die Kinder klein sind, gefüttert, gewickelt und angezogen werden müssen, nehmen wir uns die dafür notwendige Zeit. Werden die Kinder größer und selbständiger, freuen wir uns über die wegfallenden Belastungen und die für uns freiwerdende Zeit. Zwar sind wir nach wie vor der Ansicht, daß Kinder wichtig sind und Anspruch auf unsere Zeit haben. Wir nehmen uns auch voll guten Willens viele Unternehmungen mit ihnen vor – die Zeit dafür bleibt aber die „Knautschzone" oder „Manövriermasse": Erst wenn alles andere erledigt ist und auch nichts Unvorhergesehenes mehr dazwischenkommt, führen wir unsere Vorsätze aus – bis dahin werden die Kinder immer wieder vertröstet.

In gleicher Weise verfahren wir mit vielen Bedürfnissen. Wir hegen Wunschträume („eine Stunde am Tag möchte ich für mich allein haben" oder „früher habe ich mit großer Begeisterung gemalt – wenn ich doch wieder einmal dazu käme!") und tun doch nichts, um ihre Verwirklichung möglich zu machen.

Die Empfindung, daß der Tagesablauf nicht mit den eigenen Zielen übereinstimmt, daß wesentliche Bereiche zu kurz kommen, ist sicher in erster Linie verantwortlich für die Klagen über die fehlende Zeit.

Kennen Sie Ihre Ziele? Stehen sie in Einklang mit Ihrer Tagesgestaltung? Wünschen Sie sich oft eine zusätzliche Stunde pro Tag, während der sie den aufgeschobenen Bedürfnissen nachgehen könnten? In welcher Situation leiden Sie am meisten unter ihren Zeitproblemen? Was würden Sie tun, wenn Sie eine ganze Woche Zeit geschenkt bekämen?

Diese Fragen und die nachfolgende Tabelle sollen Ihnen helfen, sich über Ihre Ziele und Bedürfnisse Klarheit zu verschaffen. Die Tabelle enthält eine Reihe von Aussagen, wie sie von vielen Leuten auf die Frage nach ihren Wünschen und Prioritäten gemacht werden. Die Aussagen sind natürlich sehr allgemein gehalten und sollen lediglich eine Anregung darstellen. Je intensiver Sie sich mit dem Problem auseinandersetzen, je konkreter Sie Ihre Antworten formulieren, desto besser wird das „Fundament" Ihrer Zeitplanung.

	Ist für mich		
	sehr wichtig	ziemlich wichtig	nicht so wichtig
– Beruflichen Erfolg zu haben, mit meinen beruflichen Leistungen zufrieden zu sein			
– Zeit für die Familie zu haben, mit der Familie etwas zu unternehmen			
– In Haus und Garten vieles selbst zu erledigen, instandzuhalten, zu verschönern			
– Mich weiterzubilden, auf dem laufenden zu bleiben			
– Mich in der Gemeinde/Politik zu engagieren			
– Zeit für meine Freunde, meinen Bekanntenkreis zu haben			
– Regelmäßig Sport zu treiben			
– Natur zu beobachten und zu erleben			
– Zeit für Spiele und Unterhaltung zu haben			
– Zeit für Musik oder schöpferische Tätigkeit zu haben			

	Ist für mich		
	sehr wichtig	ziemlich wichtig	nicht so wichtig
– Zeit für mein Hobby zu haben			
– Zeit zum Lesen zu haben			
– Zeit zum Nachdenken zu haben			
– Freie, unverplante Zeit zu haben			
–			
–			

Sind Sie mit der Zuteilung Ihrer Zeit zu den verschiedenen Bereichen zufrieden? Kreuzen Sie an, ob die für die einzelnen Tätigkeiten verwendete Zeit der Wichtigkeit entspricht, die Sie ihnen zumessen:

	Dafür reicht meine Zeit		kommt oft zu kurz
	immer	meistens	
Beruf			
Familie			
Haus und Garten			
Weiterbildung			
Gemeinde/Politik			
Freunde			
Sport			
Natur			
Spiele			
Musik und Kunst			
Hobby			
Lesen			
Nachdenken			
Freie Zeit			
....			
....			

Welche Bereiche kommen zu kurz? Sind es jene, die Ihnen besonders wichtig sind – oder entspricht Ihre Zeiteinteilung Ihren Zielen und Absichten?

Natürlich können mancherlei Umstände dafür verantwortlich sein, wenn dies nicht so ist. So hilft es einem Arbeitslosen zunächst wenig, wenn er dem Beruf die erste Stelle einräumt. Die Konfrontation mit der Vielzahl der Ziele und Bedürfnisse hilft ihm aber vielleicht, nicht völlig zu resignieren. Die einseitige Ausrichtung auf den Beruf ist für denjenigen, der Arbeit hat, ungesund – für den Arbeitslosen eine Katastrophe.

Die Besinnung auf unsere Ziele hilft uns, unseren Korb zu „sortieren". Wie die Abbildung auf Seite 27 zeigt, ist diese Frage eigentlich die „Drehscheibe" für die Bewältigung der Zeitprobleme. Es ist deshalb wichtig, daß Sie sich die Zeit für ihre Beantwortung nehmen. Es gibt keine „absoluten" Richtlinien für die Gestaltung des Tages – am Anfang muß immer Ihre Entscheidung stehen, was Ihnen wichtig ist, wofür Sie Ihre Zeit einsetzen wollen. Zeit zu sparen ist sinnlos, wenn es nur dazu führt, daß die freiwerdende Zeit dann „totgeschlagen" wird. Wenn wir unzufrieden sind mit der Verwendung unserer Zeit, müssen wir wissen, welche Gewichte wir anders setzen wollen.

Im folgenden 2. Teil des Buches wird auf Zeitprobleme in verschiedenen Bereichen eingegangen. Die Ratschläge müssen dabei vor dem Hintergrund der beiden obenstehenden Tabellen gesehen werden. Liegen Ihre Probleme hauptsächlich im Beruf, suchen Sie Hinweise darauf, wie Sie Ihren Arbeitstag organisieren, die Zeit so einteilen, daß Sie die wichtigsten Aufgaben fristgerecht erledigen können, wird Sie vor allem das 4. Kapitel interessieren. Sind Sie vielfältig beansprucht und wissen nicht, wie Sie neben Beruf, Hobby und politischem Engagement noch Zeit für Ihre Familie und zur Entspannung finden sollen, hilft Ihnen das 5. Kapitel weiter. Das 6. Kapitel wendet sich an jene, deren Probleme darauf zurückzuführen sind, daß sie den ganzen Tag selbst einteilen können (oder müssen).

IV. Mehr Zeit für das Wesentliche – Zeiteinteilung im Beruf

Frau Huber ist ständig in Bewegung. Setzt sie sich hin, um eine Arbeit zu erledigen, fehlt sicher irgendeine Unterlage, die erst geholt, eine Information, die beschafft werden muß. Ihr Ruf als freundliche und hilfsbereite Mitarbeiterin ist ihr wichtig. Klaglos läßt sie sich deshalb auch bei jeder Arbeit unterbrechen. Nach ihrer rastlosen Tätigkeit ist sie abends erschöpft und unzufrieden. Unzufrieden ist auch ihr Chef, weil sie die dringendsten Arbeiten wieder nicht erledigt hat. Da er aber ihre hektische Betriebsamkeit sieht, behält er seine Kritik für sich.

„In einer Woche müßte der Bericht doch zu schaffen sein", hatte Herr Weber gedacht und den Termin fest zugesagt. Obwohl er aber seither die Notizblätter, auf denen er seine Überlegungen dazu festhalten will, immer wieder vor sich hingelegt hat, ist außer Kringel und Männchen darauf nichts zu sehen. Bevor er jeweils dazukommt, sich wirklich in das Problem hineinzudenken, schrillt das Telefon, klopft ein Mitarbeiter an die Tür, will er noch eben eine Kleinigkeit erledigen, erinnert ihn die Sekretärin an einen Termin oder bringt die Post. Im Grunde genommen sind ihm die Störungen gar nicht unwillkommen: sie liefern eine Entschuldigung dafür, daß er einfach nicht vorankommt. Wer kann denn einen klaren Gedanken fassen, wenn er immer unterbrochen wird!

Ein Blick auf den Schreibtisch von Herrn Fischer genügt, und jeder weiß sofort: Hier arbeitet ein fleißiger Mensch. Hoch türmen sich die Aktenberge, beharrlich kämpft Herr Fischer um seine kleine Schreibfläche in der Mitte. Die Sorge, daß die Vorgänge, die ganz unten in einem der Stapel liegen, vergessen werden, ist aber unbegründet: Die Berge werden täglich mehrmals umgeschichtet; sei es, daß Herr Fischer zu Beginn seines Tagewerkes feststellen will, welche Arbeit denn nun die dringendste ist; sei es, daß ein Mitarbeiter oder Vorgesetzter Informationen oder Ergebnisse braucht, die sich in einem der Stapel befinden und nach ausgedehnten Suchaktionen in der Regel auch tatsächlich zutage gefördert werden.

Kommen Ihnen diese Situationen bekannt vor? Kennen Sie die Probleme von Frau Huber, Herr Weber oder Herr Fischer? Was sind nach Ihrer Meinung die Ursachen dafür, welche Ratschläge würden Sie geben? Und wo liegen Ihre eigenen Probleme?

	Hauptproblem	Ratschläge
Frau Huber		
Herr Weber		
Herr Fischer		
ich selbst		

Vergleichen Sie Ihre Antworten mit den Hinweisen am Ende dieses Kapitels, S. 118.

Wo bleibt die Zeit?

- Liegen Ihre Zeitprobleme hauptsächlich im beruflichen Bereich?
- Fragen Sie sich, ob Sie Ihre Zeit bei Ihrer beruflichen Tätigkeit sinnvoll einteilen?

Dieses Kapitel will Ihnen einige Hinweise zur Organisation Ihrer Arbeit geben. Ziel kann dabei nicht sein, Zeit zu sparen, nur um des Sparens willen, sondern um sich von Zeitproblemen möglichst zu befreien. Wenn wir erkennen, wo wir Zeit verschwenden, können wir sie besser einsetzen. Statt uns von der Zeit unter Druck setzen zu lassen, versuchen wir, sie „in den Griff" zu bekommen.

Sind Sie daran interessiert? Dann müssen Sie zuerst ein wenig Zeit opfern, um festzustellen, wo Ihre Zeit eigentlich bleibt. Eine „Diagnose" ist fällig. Oder wissen Sie, wieviele Stunden Sie mit Routinearbeiten, Störungen, Unterbrechungen und Tätigkeiten, die mit Ihrer eigentlichen Berufsarbeit nichts zu tun haben, verbringen und wieviele Stunden Ihnen für die wichtigsten Aufgaben bleiben?

Prüfen Sie Ihr „Zeitbeurteilungsvermögen“: Stellen Sie eine Liste Ihrer fünf wichtigsten Tätigkeitsbereiche auf und schätzen Sie, wieviele Stunden pro Woche Sie für jeden Bereich aufwenden.

	Tätigkeitsbereich	Geschätzte Stundenzahl pro Woche
1.	....	....
2.	....	....
3.	....	....
4.	....	....
5.	....	....

Der nächste Schritt besteht darin, *Tagesrapporte* zu führen, d.h. genau festzuhalten, wie die Arbeitszeit verbracht wurde. Diese Aufzeichnungen sind notwendig,
um
– Ihnen zu zeigen, ob Sie mit Ihren Schätzungen richtig lagen,
– Ihnen ein klares Bild Ihrer Beanspruchung und der zeitlichen Anteile der verschiedenen Aufgabengebiete zu geben,
– Ihre Vermutungen über Störungen, Probleme und verschwendete Zeit durch Wissen zu ersetzen und
– Ihnen die Motivation für die erforderlichen Änderungen zu liefern.

Bewährt hat sich beim Führen von Tagesrapporten folgendes Vorgehen (vgl. Beispiel S. 88):

– Notieren Sie die Zeit Ihres Eintreffens am Arbeitsplatz
– Nach Abschluß jeder Tätigkeit schreiben Sie kurz auf, was Sie getan haben und wieviele Minuten diese Tätigkeit in Anspruch genommen hat. Warten Sie damit nicht bis zum Ende des Vormittags oder gar bis zum Abend – das nachträgliche Rekonstruieren ist mühsam und meist von Wunschdenken verzerrt.
– Bei sehr zeitaufwendigen Arbeiten (z.B. Zusammenstellen eines Berichts) ist zu empfehlen, noch weitere Unterteilungen

vorzunehmen (z.B. Informationen zusammentragen, Fachzeitschriften, Statistiken, Gliederung, Diktieren), um genauere Angaben für die Auswertung zu haben.

- Die Kolonne „Code“ dient dem späteren Zusammenfassen zu Tätigkeitsbereichen (vgl. Beispiel S. 89). Welchen Code Sie wählen und welche Kategorien hängt von Ihrer Arbeit und Ihrer Fragestellung ab.
- In der Kolonne „Störungen“ tragen Sie ein, wenn Sie während einer Arbeit durch andere unterbrochen werden, z.B. durch Telefonanrufe (T), Mitarbeiter (M), Besucher (B). Diese Angaben zeigen Ihnen erstens, zu welchen Zeiten Störungen besonders häufig sind; zweitens können sie erklären, warum eine bestimmte Tätigkeit mehr Zeit als vorgesehen in Anspruch genommen hat.
- Die letzte Kolonne bietet Raum für Bemerkungen, die zum Verständnis des Tagesablaufs wichtig sind.

Beispiel: Tagesrapport eines 40jährigen Abteilungsleiters

Beginn: 8.30 Uhr | Datum: 22. Februar
Wochentag: Dienstag

bis um	Dauer	Code	Tätigkeit	Störung	Bemerkungen
8.45	15	P	Wiedervorlage, Tagesprogramm		
9.15	30	B	Versicherungsfragen	M	Rückfrage
9.30	15	R	Besichtigung Kassenraum, renoviert		
10.35	65	A	Vorstellungsgespräch, Entscheidung		
11.35	60	M	Besprechung Mitarbeiter Huber		
12.30	55	D	Diktat		
13.00	30	Pau	Mittagessen		
13.30	30	Po	Eingangspost sichten, verteilen		
14.50	80	B	Bericht abfassen	2T	
15.20	30	B	Abrechnung kontrolliert	3T	
15.35	15	D	Diktat (Band)		
15.50	15	Pau	Kaffeepause		
16.20	30	B	Klärung verschiedener Fragen in Abrechnung	M	Privatgespräch
17.10	50	B	Umsatzvergleich 82–83		
17.30	20	Po	Ausgangspost kontr. und unterschreiben		

Beispiel: Zusammenfassung der Tagesrapporte geführt vom .... bis ....

Kategorie	Montag	Dienstag	Mittwoch	Donnerstag	Freitag	Wochensumme	Tagesdurchschnitt	Bemerkungen
P Planung								
B Berichte, Kontrolle								
M Mitarbeiterbesprechung								
A Andere Bespr.								
D Diktat								
T Telefon								
R Betriebs-Rundgang								
Pau Pausen								
K Konferenz								
Po Post								
V verschwendete Zeit								
....								
....								
Total								

In der Wochenübersicht (s. Beispiel S. 89) werden die Werte aus den Tagesrapporten eingetragen, Gesamtzeiten und Durchschnittswerte für die einzelnen Kategorien errechnet. Da die Zufallsschwankungen in einer Woche zu groß sind, ist zu empfehlen, die Tagesrapporte mindestens zwei Wochen hintereinander zu führen und dann die Auswertung vorzunehmen.

Haben Sie die Tagesrapporte geführt? Sicher haben Sie festgestellt, daß es gar nicht so einfach ist, ein „objektives“ Bild von der eigenen Zeiteinteilung zu gewinnen. Allein schon die Tatsache, daß der Tagesablauf festgehalten wird, führt dazu, daß wir bewußter planen, weniger Zeit verschwenden, genauer überlegen, wie wir die Arbeit einteilen. Schon aus diesem Grund lohnt sich das Führen der Tagesrapporte – auch wenn es natürlich mit einem gewissen Zeitaufwand verbunden ist.
Haben Sie auch die Wochenzusammenfassungen erstellt, die Gesamtzeiten und Durchschnittswerte ausgerechnet? Waren die Ergebnisse überraschend für Sie? Untersuchungen zeigen, daß die meisten Leute die Zeit unterschätzen, die sie für Neben- und Routinearbeiten verwenden, und der Meinung sind, daß sie wesentlich mehr Zeit mit den wichtigsten und zentralen Aufgaben verbringen, als dies der Fall ist.

Manche Organisationsfachleute (z.B. P. Drucker, 1966) empfehlen Managern, regelmäßig oder z.B. zweimal jährlich Tagesrapporte zu führen oder von den Sekretärinnen führen zu lassen und Wochendurchschnittswerte zu errechnen.

Die Ergebnisse sind die Grundlage für eine Gegenüberstellung von Zielen und Wirklichkeit und zeigen uns, wo Verbesserungen und Änderungen ansetzen müssen.

Ausgangspunkt ist die Frage: Welches sind meine Ziele, welches meine eigentlichen Aufgaben (gibt es eine Stellenbeschreibung?)?

Dann können Punkt für Punkt die folgenden Fragen beantwortet werden:

1. Stimmen die Ergebnisse mit meinen Schätzungen bzw. Vermutungen über die zeitliche Beanspruchung durch die verschiedenen Tätigkeitsbereiche überein?

ja / nein

Wenn nein: wo liegen die größten Abweichungen?

....

2. Entspricht diese Verteilung meinen Absichten und Zielsetzungen?

ja / nein

Wenn nein: welche Bereiche kommen zu kurz?

....

Welche Bereiche nehmen zuviel Zeit in Anspruch?

....

3. War ich beim Führen der Tagesrapporte versucht, eine „Beschönigung“ vorzunehmen?

ja / nein

4. Wieviele Stunden werden wöchentlich mit Routinearbeiten (regelmäßig wiederkehrenden Tätigkeiten) verbracht?

....

Ist die zeitliche Anordnung und Abfolge dieser Routinearbeiten sinnvoll und angenehm?

ja / nein

5. Kann ich mich den Arbeiten, die Konzentration erfordern, längere Zeit ungestört zuwenden?

ja / nein

Welches war der längste ununterbrochene Zeitabschnitt?

....

Welche Unterbrechungen waren die störendsten?

....

Sind Sie mit Ihrer Zeiteinteilung zufrieden? Wenn nicht, hat das Führen der Tagesrapporte seinen wichtigsten Zweck erfüllt: den Anstoß zu geben, umzudenken und die Möglichkeiten zu prüfen, Ziele und Wirklichkeit besser in Übereinstimmung zu bringen.

Ziehen Sie die Konsequenzen!

Möglicherweise haben Sie bis hierher gelesen, die Tages- und Wochenrapporte geführt und mißmutig das Ergebnis zur Kenntnis genommen. An diesem Punkt aber überfällt Sie die große Resignation: „Natürlich weiß ich, daß ich viel zuviel Zeit mit Kleinkram verschwende, daß manche Arbeit rationeller und besser durchgeführt werden könnte, wenn ich nicht ständig gestört würde. Dagegen läßt sich aber leider in meinem speziellen Fall nichts tun. Schließlich muß die Arbeit ja getan werden."

Muß sie wirklich? Diese Frage ist bereits der erste Ansatzpunkt. Viele Arbeiten werden nur deshalb durchgeführt, weil sie schon immer getan wurden und keiner je danach fragt, ob sie wirklich erforderlich sind. Viele Statistiken werden z.B. in mühevoller Arbeit erstellt, ohne daß sie jemand auch nur zur Kenntnis nimmt – sie ergeben lediglich in anderen Büros die überflüssige Arbeit des Abheftens. Andere Beispiele von Arbeiten, die nur aus Gewohnheiten oder aus einem übertriebenen Hang zur Perfektion ausgeführt werden, sind: Besprechungen, Erstellen vieler Aktennotizen, Lesen von Fachzeitschriften, Sammeln von Zeitungsausschnitten. Zweifellos können alle diese Tätigkeiten sehr nützlich und wichtig sein – ebenso sicher ist, daß sie oft mechanisch ausgeführt werden, ohne daß ihr praktischer Nutzen in jedem Fall geprüft und neu bestätigt wird.

Der amerikanische Unternehmensberater P. Drucker empfiehlt, sich bei jeder Tätigkeit zu fragen: was passiert, wenn sie nicht ausgeführt wird? Falls nichts passiert, kann sie gestrichen werden. Oft kommt es nur darauf an, Nein sagen zu können.

Jede einzelne Tätigkeit, die in den Tages- und Wochenrapporten aufgeführt ist, können wir mit Hilfe folgender Fragen kritisch prüfen (P. Drucker, 1966, G. Weilenmann, 1972):

– Ist es sinnvoll, daß *ich* diese Arbeit ausführe? Bestehen keine Überschneidungen, kann sie nicht von anderen besser oder müheloser erledigt werden?
– Wo verschwende ich die Zeit anderer (z.B. mit Besprechungen, die nicht alle Teilnehmer interessieren)?
– Muß diese Arbeit von dieser Anzahl Personen ausgeführt werden? Manche Tätigkeiten können zu zweit bedeutend schneller erledigt werden als allein. Andere Arbeiten nehmen nur deshalb so viel Zeit in Anspruch, weil zuviele Personen daran beteiligt sind und die Organisation, das gegenseitige Erklären und das Lösen von Spannungen so zeitraubend sind.
– Ist der Zeitaufwand dieser Aufgabe angemessen? Werden Arbeiten zu rasch und oberflächlich erledigt, können sie durch nachträgliche Korrekturen, Ärger und Rückfragen ein Vielfaches der ursprünglich erforderlichen Zeit verschlingen.

Wo Zeit verschwendet wird

Der wichtigste Gesichtspunkt bei der Prüfung der Zeitrapporte ist die „Suche nach der verlorenen Zeit". Es ist ja keineswegs so, daß die für die verschiedenen Tätigkeitsbereiche eingesetzten Stunden und Minuten „gegeben" sind. Wenn ein Vogel sein Ei ausbrütet, dauert dies – je nach Art – etwa drei Wochen und läßt sich vermutlich weder beschleunigen noch verlangsamen. Bei unserer Arbeit gibt es dagegen sehr wohl eine Vielfalt von Faktoren, die sich beschleunigend oder verlangsamend auf ihren Verlauf auswirken. Einige der wichtigsten „Verlangsamer":

Die Unlust des Beginnens

Fällt es Ihnen schwer, morgens den „Absprung" zu finden? Trinken Sie im Zweifelsfall lieber noch eine Tasse Kaffee und studieren die Zeitung noch genauer, bevor Sie sich auf den Weg machen? Oder brauchen Sie am Arbeitsplatz erst einmal eine Zigarette und ein Schwätzchen mit Kollegen?

Die Leistungsfähigkeit ist am Vormittag am größten; gerade die ersten Arbeitsstunden werden durch diese Gewohnheiten aber leicht „verschenkt".

Zersplittert und zerhackt

Kochen Sie gerne? Schätzen Sie ein gutes Essen? Dann wissen Sie sicher auch, daß kein Koch auf die Idee kommen würde, den Kochvorgang immer wieder zu unterbrechen, die halbfertigen Schnitzel, Kuchen oder Kartoffeln mehrmals kalt werden zu lassen und wieder aufzuwärmen. Das Produkt ließe sich wohl auch keinem Feinschmecker anbieten.

Viele versuchen aber, auf diese Weise ihre tägliche Arbeit zu erledigen. Natürlich gibt es Tätigkeiten, bei denen eine Störung keine Rolle spielt und bei denen wir problemlos dort weiterfahren können, wo wir sie unterbrochen haben. Viele Aufgaben verlangen aber unsere volle Aufmerksamkeit über eine längere Zeit. Wenn wir – wie der eingangs erwähnte Herr Weber – für einen Bericht 8 Stunden Zeit veranschlagen und dann 16mal eine halbe

Stunde lang versuchen, dabei voranzukommen, wird das Ergebnis mit großer Wahrscheinlichkeit ziemlich dürftig sein. Vor allem zu Beginn brauchen wir einige Stunden, in denen wir uns in das Problem hineindenken, unsere Gedanken ordnen und zu Papier bringen können.

Stellen Störungen auch für Sie ein Problem dar? Welches war in Ihren Tagesrapporten der längste ungestörte Zeitraum? (In einer Untersuchung wurde festgestellt, daß Manager nicht länger als 20 Minuten hintereinander an einem Projekt arbeiten können.) Zu welchen Zeiten waren Unterbrechungen durch Telefon, Mitarbeiter oder Besucher besonders häufig? Waren alle diese Gespräche notwendig? Besteht die Möglichkeit, die Telefonanrufe zeitlich zusammenzufassen, können wir Sperrzeiten einrichten und in diesen störungsfreien Stunden die anspruchsvollen Aufgaben erledigen?

Manche Störungen durch Rückfragen lassen sich auch vermeiden, wenn von Anfang an richtig und vollständig informiert, der Arbeitsablauf sorgfältig geplant, wenn genau festgelegt wird, welche Mitarbeiter welche Kompetenzen haben, und wenn Grundsatzentscheidungen getroffen werden, statt nur zu reagieren.

Ausweichmanöver und Angriffsstrategien

Beobachten Sie einmal, wodurch Sie in Ihrer Arbeit gestört werden. Oft kommen die Störungen gar nicht von außen, sondern durch unsere eigenen Gedanken. Wir befassen uns plötzlich mit anderen Dingen, anderen Arbeiten – und weichen damit dem unangenehmen vor uns liegenden „Brocken" immer wieder aus. Hier helfen Annäherungs- und Aufweich-Taktiken: Zertrümmern Sie den Brocken, indem Sie die Gesamtaufgabe in Teilarbeiten aufgliedern und festlegen, wann jede einzelne in Angriff genommen wird. Sorgen Sie für einige störungsfreie Stunden – und wenn dies alles noch nicht hilft, halten Sie doch einmal schriftlich fest, warum Ihnen diese Aufgabe so schwer fällt. Vielleicht führt diese Auseinandersetzung dazu, daß Sie sich besser in die Arbeit eindenken können und damit den ersten Widerstand überwinden.

Sandsäcke statt Staudämme

Wenn ein Bach bei jeder Schneeschmelze das Dorf zu überschwemmen droht, können Sandsäcke oft die Fluten abwenden und die Bürger haben wieder bis zum nächsten Frühjahr Ruhe. Sinnvoller ist es aber, die Ufermauern zu erhöhen.

In manchen Firmen tauchen die gleichen Probleme mit schöner Regelmäßigkeit alljährlich wieder auf und werden immer mit Sofortmaßnahmen angegangen. Die Zeit, das Problem einmal zu durchdenken und dauerhafte Lösungen zu finden, wäre gut investiert.

Der fehlende Vorhang

Bei einem guten Theaterstück geht der Vorhang nieder, bevor die Leute gelangweilt auf die Uhr schielen, ob das Stück nicht endlich zu Ende ist. Bei vielen Tätigkeiten fehlt ein solcher Schlußpunkt. Sicher haben Sie auch schon an Besprechungen und Konferenzen teilgenommen, in denen endlos weitergeredet wurde, obwohl alles Wesentliche bereits gesagt war. Oft stellt sich auch heraus, daß eine entscheidende Information fehlt oder ein wichtiger Punkt erst geklärt werden muß, bevor die Beratung fortgesetzt werden kann. Statt dann aber abzubrechen und einen neuen Termin zu vereinbaren, wird weiter spekuliert, vermutet, noch einmal zusammengefaßt und mit anderen Worten umschrieben . . .

Besprechungen verschlingen sehr viel Zeit. Nach einer von H. Commer (1972) zitierten Untersuchung verbringen Führungskräfte fast 40% ihrer Zeit mit Besprechungen. Commer vermutet, daß der hohe Anteil an Sitzungen und Besprechungen auf die heutige Isolierung und Vereinsamung zurückzuführen ist und diese Treffen heute die Funktionen von Dorfklatsch, Klagemauer und Beichtstuhl übernommen haben . . .

Der schwelende Ärger

Eine Ursache ständiger Zeitverschwendung kann ein gestörtes Verhältnis zum Vorgesetzten sein, meint J. Kirschner (1980) und beschreibt dazu folgende alltägliche Situation im Betrieb:

Der Vorgesetzte A kommt ins Zimmer und erteilt dem Untergebenen B ohne viel Erklärung einen Auftrag, dessen Erledigung vielleicht 6 Minuten beanspruchen würde. B fühlt sich überfahren, ärgert sich, was ihn daran hindert, sich an die Arbeit zu machen. Nach einiger Zeit begibt er sich zu C, um ihm von seinem Ärger zu erzählen und über A zu schimpfen, was alles zusammen bereits 8 Minuten beansprucht. Dann geht er widerwillig an die Arbeit und braucht dafür 10 Minuten. Später stellt sich heraus, daß die Arbeit zwei Fehler enthält. A erscheint, sichtlich verärgert, erteilt eine Rüge, die 4 Minuten beansprucht. Weitere 6 Minuten benötigt B für die Richtigstellung . . .

Spannungen zwischen Arbeitskollegen können ebenfalls als Verlangsamer wirken. Wenn Mitarbeiter sich aus dem Weg gehen und keine Informationen austauschen oder weitergeben, wird viel Zeit durch Überschneidungen, falsches Reagieren und vermeidbare Fehler verloren. Ein klärendes Gespräch, das den Ursachen für die Spannungen nachgeht, verbessert deshalb nicht nur das Betriebsklima sondern auch die Zeiteinteilung.

Fehlbesetzungen

Kennen Sie das „Peter-Prinzip?“ Es besagt, daß im Berufsleben jeder so lange befördert wird, bis er seine „Stufe der Unfähigkeit“ erreicht hat und dann auf dieser Position sitzenbleibt (Peter & Hull, 1970). Die Arbeit wird von jenen Leuten getan, die ihre Stufe der Unfähigkeit noch nicht erreicht haben. Ihre Vorgesetzten beschränken sich dagegen beispielsweise auf *Ersatzhandlungen*: Statt den eigentlichen Aufgaben nachzukommen, ersetzen sie sie durch andere, die dann bis zur Perfektion erfüllt werden.

Eine Variante davon ist die „ständige Vorbereitung“: Bevor mit einer Aufgabe begonnen wird, werden erst Beweise für deren Notwendigkeit zusammengetragen, Alternativmöglichkeiten geprüft, Expertenrat eingeholt und nach Präzedenzfällen gesucht. Der Beginn der Arbeit läßt sich auf diese Weise endlos hinauszögern.

Eine andere Möglichkeit ist die „Spezialisierung auf Nebensächlichkeiten“. Die Hauptenergie wird auf unwichtige Arbeit gerichtet: „Kümmere dich um die Maulwurfshügel, die Berge sorgen für sich selbst". Beim „Ordnungswahn" wird die Arbeitszeit hauptsächlich damit verbracht, Papiere, Dokumente und längst erledigte Vorgänge genauestens zu sortieren und zu klassifizieren.

Noch häufiger ist natürlich das Gegenteil: Stunden werden damit zugebracht, irgendein Dokument, einen wichtigen Brief zu suchen, von dem man mit großer Sicherheit weiß, daß er da sein muß – und der sich dann viel später und rein zufällig an einem ganz anderen Ort findet.

Sicher ist es sowohl unmenschlich als auch eine Illusion zu glauben, daß wir den ganzen Tag zielstrebig und rationell arbeiten können. Alle Verlangsamer und Unzulänglichkeiten auszumerzen ist nicht möglich – aber wenn wir einige davon abbauen, werden wir mehr Zeit für die wichtigen Dinge haben und unseren Arbeitsplatz abends zufriedener verlassen.

Längerfristige Planung

Kennen Sie das „Karriere"-Spiel? Gemeint ist hier nicht Ihr Streben nach beruflichem Vorwärtskommen, sondern das vom Spielzeughersteller Parker herausgegebene Gesellschaftsspiel. Die Mitspieler können in verschiedenen Laufbahnen „Karriere" machen. Gewinner ist, wer die von ihm selbst gesteckten Ziele zuerst erreicht hat. Erwähnt wird das Spiel hier nicht, weil für den Erfolg neben etwas Planung vor allem (Würfel-)Glück erforderlich ist, sondern weil jeder Spieler vor Beginn festlegt, was er erreichen will. Nur daran wird sein Vorwärtskommen gemessen.

Sind Sie selbständig oder in leitender Position tätig? Dann gehört zu Ihren wichtigsten Aufgaben das *Festlegen langfristiger Ziele*. Wer nicht nur reagieren, sondern gestalten und entwickeln will, muß klar festlegen, was er will – und vor allem auch, was er nicht will –, welche Schwerpunkte zu setzen sind. Nur über diese großen und langfristig skizzierten Leitlinien ist es möglich, kurzfristige Maßnahmen zu treffen.

Der nächste Schritt besteht darin, einen *Aktionsplan* auszuarbeiten; er zeigt auf, über welche Etappen die langfristigen Ziele erreicht werden sollen.

Im *Jahresplan* sind die Ziele für das kommende Jahr festgelegt. Er dient wiederum als Grundlage für die Ableitung von Quartals- und später Monatsplänen.

Indem wir in den Jahres- und Quartalsplänen die Zwischenstufen zu den langfristigen Zielen bestimmen, stellen wir sicher, daß wir diese Orientierungspunkte bei unserer täglichen Arbeit nicht aus den Augen verlieren und nicht zum Spielball der Ereignisse werden.

Als Anregung zur Festlegung Ihrer Ziele dienen nachfolgende Fragen. Sie können hier nur sehr allgemein gestellt werden. Je konkreter Sie sie auf Ihre Situation hin ausformulieren, desto eher werden sie Ihnen bei Ihrer Planung von Nutzen sein.

Welches sind meine langfristigen Ziele?

____

____

____

Zeitraum ________________________

Welche Entwicklung strebe ich an?

____

____

Welche will ich vermeiden?

____

Aktionsplan: Welche Schritte und Etappen führen zu diesen Zielen?

1. ....

2. ....

3. ....

4. ....

5. ....

Jahresplan für das kommende Jahr

____

____

____

____

Quartalspläne

1. Quartal: ....

2. Quartal: ....

3. Quartal: ....

4. Quartal: ....

Kontrolle nach Ablauf des Jahres am ....

Von den Jahreszielen wurden erreicht: ....

....

nicht erreicht: ....

Begründung: ....

....

....

....

Das Formulieren von Leitzielen hat über die Auswirkung auf die Zeiteinteilung hinaus noch einen weiteren Vorteil: Es fördert die Motivation, die für das Lernen und Arbeiten bekanntlich von großer Bedeutung ist. Wenn wir wissen, was wir wollen, und auch die Schritte festgelegt haben, die dazu führen, fällt uns das Engagement wesentlich leichter als wenn wir nur reagieren. Gerade bei langfristigen Zielen vermittelt uns das Erreichen der Etappenziele die wichtigen Erfolgserlebnisse und damit den Schwung zum Weitermachen. Aus diesem Grund ist es auch wichtig, nach Ablauf der gesetzten Frist zu prüfen, welche Ziele erreicht wurden.

Über ein von ihm selbst nicht erwartetes Ergebnis einer Untersuchung berichtet R. Mager: Eine Gruppe von Schülern erhielt ein zu erprobendes Lernprogramm, einer anderen Gruppe wurden lediglich die Lernziele mitgeteilt. Sie konnten selbst den Weg zu deren Erreichung suchen und sich dabei jederzeit an den Lehrer wenden. Diese zweite Gruppe schnitt nicht nur im Schlußtest ebenso gut ab wie die erste mit ihrem sorgfältig aufgebauten Programm – sie benötigte dazu auch wesentlich weniger Zeit. Ein ähnliches Ergebnis zeigte sich bei einem (Engineering) Kurs: bei der genauen Formulierung der Lernziele arbeiteten die Studenten wesentlich selbständiger und intensiver und benötigten statt 6 Monaten nur 7 Wochen Lernzeit.

(R. Mager in „Technology and Innovation in Education", 1968)

Zeit- und Bewegungsstudien

„Ja – zu Hause oder im Geschäft: immer war Paps Fachmann für Leistungssteigerung. Er knöpfte seine Weste von unten nach oben und nicht von oben nach unten zu, weil das Verfahren von unten nach oben nur drei Sekunden in Anspruch nahm, von oben nach unten dagegen sieben. Er benutzte sogar zum Einseifen des Gesichts zwei Rasierpinsel, weil er auf diese Weise die Rasierzeit um siebzehn Sekunden verkürzen konnte. Eine Zeitlang versuchte er, sich mit zwei Messern zu rasieren, aber das gab er bald auf.

„Ich kann vierundzwanzig Sekunden einsparen", brummte er, „aber heute morgen hab' ich zwei Minuten gebraucht, um mir den Hals zu verbinden."

Dabei ärgerte er sich keineswegs über den Schnitt in seinem Hals, sondern nur über die zwei Minuten."

(aus „Im Dutzend billiger" Frank B. Gilbreth jr. & Ernestine Gilbreth Carey, München, 1979, S. 9)

Haben Sie das Buch „Im Dutzend billiger" gelesen? Zwei der zwölf Kinder des amerikanischen Betriebsorganisators Frank Gilbreth beschreiben darin u.a. wie ihr Vater im privaten ebenso wie im beruflichen Bereich Bewegungsabläufe genau studierte, in Einzelbewegungen zerlegte, überflüssige und störende ausschaltete, um dadurch Zeit zu sparen und zu möglichst hohen Leistungen zu kommen.

Die wissenschaftliche Betriebsführung (Scientific Management) wurde Ende des letzten Jahrhundert von dem amerikanischen Ingenieur Frederick W. Taylor begründet. Mit Hilfe systematischer Untersuchungen und genauer Beobachtungen des Arbeitsprozesses, von Zeit- und Bewegungsstudien wurden für die einzelnen Tätigkeiten die besten Methoden, Handgriffe und Bewegungsabläufe ebenso wie der Rhythmus der Ruhepausen festgelegt und die Produktivität dadurch enorm gesteigert.

Trotz der Begeisterung der Erfinder zeigten sich jedoch bald auch die Grenzen der Zeit- und Bewegungsstudien. Der wichtigste Grund dafür, daß das Taylor-System nicht zum erwarteten Erfolg führte, lag im Widerstand der Arbeiter: Die völlige Trennung von Planung und Ausführung machte die Arbeiter zu bloßen „Erfüllungsgehilfen". Der Leistungslohn blieb der einzige Anreiz zum Ausführen einer stumpfsinnigen, total kontrollierten Arbeit. Eine andere schwerwiegende Schwäche war, daß die Bedeutung der individuellen Unterschiede nicht erkannt und berücksichtigt wurde. Frank Gilbreth war fest davon überzeugt, daß es einen „besten Weg" gibt, jede Tätigkeit auszuführen. Inzwischen weiß man, daß Wechselwirkungen zwischen Arbeitsmethoden und individuellen Merkmalen bestehen. Produktionsverbesserungen und die Einführung rationeller Methoden sind nur dann erfolgreich, wenn die Arbeiter bei ihrer Einführung beteiligt werden.

So verschieden die Absichten und Methoden sind – ein wichtiges Ergebnis haben die Untersuchungen Magers und Taylors gemeinsam: Sie zeigen die entscheidende Bedeutung der eigenen Beteiligung und der genauen Kenntnis der Ziele. Auf den ersten Blick scheinen die Ergebnisse der Logik zu widersprechen: Warum sollte es nicht vernünftiger, rationeller und deshalb effizienter sein, wenn der beste Weg zum Ziel von kompetenten Wissenschaftern genau geprüft, systematisch aufgebaut und für jeden einzelnen festgelegt ist, als wenn jeder seinen eigenen Weg über Irrtümer und Umwege sucht? Die Antwort liegt in der Natur des Menschen, dem eine strikte Trennung von Planung und Ausführung zuwiderläuft. Die größere Schnelligkeit der selbständig arbeitenden Studenten ergab sich einerseits aus der besseren Motivation, dem Wunsch, das Ziel zu erreichen, andererseits aus der Möglichkeit, von den individuellen Voraussetzungen auszugehen und selbst zu entscheiden, welche Maßnahmen zum Erfolg führen.

Ob Sie selbständig tätig sind oder als Angestellter in einer Firma arbeiten – Ausgangspunkt für die Planung der täglichen Arbeit müssen die langfristigen Ziele sein. Nur sie ermöglichen es, Prioritäten zu setzen und abzuwägen, welche Aufgaben vordringlich sind.

Kurzfristige Planung

> *„Ja, mach nur einen Plan*
> *Sei nur ein großes Licht!*
> *Und mach dann noch 'nen zweiten Plan*
> *Gehn tun sie beide nicht.“*
>
> Bertolt Brecht „Dreigroschenoper“

Bemühen wir noch einmal den Vergleich von Zeit- und Geldknappheit: Der klugen Hausfrau, die mit ihrem Geld nicht auskommt, wird empfohlen, über die Ausgaben Buch zu führen und daraus ihre Schlußfolgerungen zu ziehen; sie überlegt, welche Änderungen sie vornehmen, welche Ausgaben sie einschränken will, und stellt sodann ein Budget auf, das aufzeigt, wie die zur Verfügung stehenden Mittel aufgeteilt werden sollen.

Eine vernünftige Zeiteinteilung muß ebenfalls von einem Budget ausgehen, das die Schwergewichte setzt, die Zeit auf die anstehenden Aufgaben verteilt und dafür sorgt, daß die wichtigsten und dringendsten Aufgaben nicht in der Fülle der anderen Arbeiten untergehen.

Dies klingt logisch – wird aber trotzdem kaum gemacht. Ein Grund wurde schon früher erwähnt: wir wollen „frei“ sein, spontan reagieren können und uns nicht festlegen. Daß wir – getrieben von Sachzwängen, beeinflußt von den Mitarbeitern und Vorgesetzten, die am meisten drängen, und bestimmt von den Arbeiten, die gerade in die Augen springen, keineswegs frei sind, wurde ebenfalls schon gesagt.

Oft wird auch die Arbeitsbelastung als Entschuldigung angeführt, warum so wenig geplant wird. Dieses Argument ist in jenen Fällen stichhaltig, wo tatsächlich die Aufstellung immer detaillierterer und ausgefeilterer Monats-, Wochen- und Tagespläne einen großen Teil der Arbeitszeit verschlingt und keine Zeit mehr für die eigentliche Arbeit bleibt. Die Gefahr besteht, daß Pläne sich verselbständigen und vor allem dazu dienen, der eigentlichen Arbeit auszuweichen.

Verlieren wir das Ziel unserer Planung nicht aus den Augen: wir wollen besser über unsere Zeit verfügen, die wichtigsten

Dinge zuerst erledigen, uns von Zeitproblemen befreien. Wenn wir feststellen, daß von unserer Planung nur mehr Druck ausgeht und wir außer dem üblichen Arbeitsstreß noch den zusätzlichen zur Einhaltung des Planes haben – dann haben wir etwas falsch gemacht . . .

Die erwähnte „Widerspenstigkeit" gegen einen von anderen bestimmten und genau festgelegten „besten Weg" spielt zweifellos bei der Zeiteinteilung eine große Rolle. Wenn hier nachstehend einige Hilfsmittel dargestellt werden, verstehen Sie sie als Anregung. Prüfen Sie, ob Ihr bisheriges System Ihren Anforderungen entspricht oder ob eines der unten geschilderten Planungsinstrumente Ihnen eine bessere Zeiteinteilung ermöglicht.

Sind Sie nun von der Notwendigkeit der Planung überzeugt? Haben Sie Ihre langfristigen Ziele, Aktions- und Jahrespläne formuliert oder sind Sie Ihnen genau bekannt?

Der nächste Schritt besteht im Festlegen von *Monatszielen*. Diese werden aus den Quartalszielen einerseits, aus den Dringlichkeitslisten andererseits abgeleitet und so konkret formuliert, daß sie auch genau überprüfbar sind.

„Monatspläne – das habe ich auch schon versucht", schimpft Herr Weber. „Als ich aber merkte, daß ich Monat für Monat wieder die gleichen „alten Bekannten" neu notierte, habe ich es wieder aufgegeben. Meist habe ich nur einen Bruchteil der geplanten Arbeiten erledigt. Man weiß schließlich vorher nie, was alles dazwischenkommt. Die meisten Arbeiten nehmen außerdem viel mehr Zeit in Anspruch als man vorher annimmt!"

Wer vorher Tages- und Wochenrapporte geführt hat, ist den Schwierigkeiten von Herrn Weber weniger ausgeliefert: er weiß, wieviel Zeit Routinearbeiten verschlingen und wieviel effektiv für die langfristigen Arbeiten zur Verfügung steht, und wird die Gefahr, den Zeitaufwand für eine Arbeit zu unterschätzen, eher vermeiden können. Auch für die Illusion, daß alles reibungslos verlaufen wird, ist er weniger anfällig. Wenn wir auch nicht so radikal von dem „Gesetz" ausgehen müssen, daß alles, was schiefgehen kann, auch tatsächlich schiefgeht – eine realistische Planung schließt ausreichend Zeit für Unvorhergesehenes, Reserve und Tagesereignisse mit ein. Unabhängig davon, welches Planungssystem wir verwenden – stets werden wir einen Teil der Zeit unverplant lassen. Plötzlich dazwischenkommende Arbeiten, Pannen, (eigene oder fremde) Fehler machen dann nicht die ganze Planung zunichte.

Da Sie sich für die Möglichkeiten der Zeitplanung interessieren, sind Sie vermutlich mit Arbeit reichlich eingedeckt. Eine realistische Planung, d.h. ein Monats- und Wochenplan, der auch wirklich eingehalten werden kann, setzt voraus, daß klare Prioritäten bestehen. Es ist sehr einfach, allen anstehenden Arbeiten die höchste Priorität zuzumessen und sie auf den Plan zu setzen – nur ist damit nichts gewonnen. Legen Sie ein Minimum fest, das erreicht werden soll. Gehen Sie dabei von den langfristigen Zielen aus, überlegen Sie, welche Kriterien Ihnen zum Einstufen der Prioritäten zur Verfügung stehen, und treffen Sie dann Ihre Entscheidung. Kein Problem dürfte es darstellen, wenn Sie in einem Monat, in dem nichts dazwischen kommt, keiner krank wird und alles wie am Schnürchen läuft, mehr als das vorgesehene Minimalprogramm erledigen . . .

Die *Wochenpläne* (manche Autoren empfehlen 2-Wochenpläne, weil diese mehr Spielraum und Ausweichmöglichkeiten bieten) werden auf der Basis der Monatspläne und von Dringlichkeitslisten aufgestellt.

Eines der wichtigsten Anliegen bei der Tages- und Wocheneinteilung wird es sein, möglichst große zusammenhängende und störungsfreie Zeitblöcke zu sichern, in denen die wichtigen und Konzentration erfordernden Arbeiten erledigt werden können. Wie dieses Ziel erreicht wird, hängt natürlich von der Aufgabenstellung ab. Manche Manager halten sich zwei oder drei Vormittage pro Woche ganz für solche Arbeiten frei und legen alle Sitzungen, Besprechungen und Beratungen auf die anderen Vormittage; die Nachmittage werden für Unvorhergesehenes reserviert (P. Drukker, 1966). Andere legen für jeden Tag bestimmte „Sperrstunden" fest, in denen weder Vorgesetzte noch Mitarbeiter einander stören und auch Telefonanrufe nach Möglichkeit nicht weitergeleitet werden. Die notwendigen Beratungen, der Austausch von Informationen finden während der „Sprechzeiten" statt (G. Gross, 1971).

Sind Sie weniger frei in Ihrer Tagesplanung? Läßt sich das System von Sperrzeiten bei Ihnen nicht einführen? Welche Möglichkeiten sehen Sie für sich, zu längeren störungsfreien Zeiten zu kommen?

Einige Hinweise dazu:

- Durch das Führen von Tagesrapporten (vgl. S. 86) wissen Sie, wieviel Zeit Sie mit Routinearbeiten (täglich oder wöchentlich wiederkehrenden Arbeiten) verbringen. Überlegen Sie, welche zeitliche Anordnung dieser Tätigkeiten für Sie am günstigsten ist. Können Sie durch eine andere Abfolge Zeit sparen oder Ihren Tagesrhythmus besser berücksichtigen?
- Wenn Sie Besprechungstermine vereinbaren, legen Sie sie nicht in die Mitte, sondern an den Rand eines noch freien Zeitabschnittes; dic vor und nach der Besprechung noch verbleibende Zeit reicht sonst nicht aus, sich einer anderen Aufgabe noch intensiv zuzuwenden. Telefongespräche sollten grundsätzlich zusammengefaßt werden.
- Gehören Sie zu den Lerchen? Wenn Sie frühmorgens mit der Arbeit beginnen, können Sie sich bereits ungestört dem wichtigsten Tagesthema zuwenden und dabei weit mehr erledigen als wenn Sie abends das nicht geschaffte Pensum nachhause nehmen und in ermüdetem Zustand stundenlang daran arbeiten. P. Drucker weist darauf hin, daß dieses Vorgehen auch zu einer bewußteren Zeitplanung zwingt, als wenn wir davon ausgehen, daß wir alles Unerledigte abends nachholen können.
- Wenden Sie sich gleich der wichtigsten Arbeit zu. Viele Leute halten es irrigerweise für sinnvoll, erst allen unwichtigen „Kleinkram“ zu erledigen, damit er „vom Tisch“ ist. Wichtiger und befriedigender aber als ein Dutzend unwichtiger Dinge abzuhaken ist es, die dringendste Arbeit nicht nur anzupacken, sondern auch zu Ende zu führen; für den „Kleinkram“ können wir immer noch jene „Splitterzeiten“ verwenden, die zwischen anderen Terminen noch bleiben und in denen sich das Eindenken in größere Arbeiten nicht lohnt. Oft werden die zu erledigenden Nebensächlichkeiten auch als Entschuldigungsgrund dafür verwandt, daß wir uns nicht mit größeren und vielleicht unangenehmen Aufgaben befassen müssen. Wenn wir dafür sorgen, daß wir uns vor allem zu Beginn einer größeren Arbeit einige Zeit ungestört widmen können, ist der „Anfangswiderstand“ überwunden.

Planungsinstrumente

Sind Wochenpläne für Ihre Situation nicht empfehlenswert? Suchen Sie nach anderen Möglichkeiten, Ihre Zeit sinnvoll einzuteilen? Vielleicht erweist sich eines der folgenden Planungsinstrumente für Sie als nützlich.

Zeitkontrollblatt

Dieses von G. Weilenmann (1972) empfohlene Blatt dient der Gegenüberstellung von Plan und Realität:

Aufgaben	Wichtigkeit	Schätzung	Plan	Mo	Di	Mi	Do	Fr	IST
Besprechung Projektgruppe	2	4	4	2		2	1		5
Angebote prüfen	3	3	3		2		1	1	4
Vorschlag Stufe 3	1	16	10		6	3			9
Berichte studieren	2	6	4	1		1	1		3
etc.									
etc.									

Die ersten vier Kolonnen werden vor Beginn der Woche ausgefüllt. In der Kolonne „Aufgaben" werden alle Arbeiten eingetragen, die in der Planungswoche erledigt werden müssen. Unter „Wichtigkeit" werden die Prioritäten von 1–3 gesetzt, d.h. alle jene Arbeiten mit 1 bezeichnet, die vordringlich sind. Für jede Arbeit wird der Zeitaufwand in Stunden geschätzt (Kolonne Schätzung). Ergibt das Total der Schätzungen mehr Stunden als in der Planungswoche zur Verfügung stehen, müssen die Entscheidungen entsprechend der Dringlichkeit getroffen werden; die für jede Arbeit vorgesehene Stundenzahl wird unter „Plan" eingetragen.

Im Laufe der Woche wird nach jedem Tag eingetragen, wieviele Stunden an den jeweiligen Aufgaben gearbeitet wurde, und in der Kolonne „IST" aus den täglichen Werten das Wochentotal errechnet. Plan und Realität können auf diese Weise einander gegenübergestellt und geprüft werden, ob alle wichtigen Aufgaben erledigt wurden und welche Arbeiten mehr Zeit als vorgesehen in Anspruch genommen haben.

Tagesziele und Tagesrückblick

Empfehlenswert ist das Formulieren von *Tageszielen*. Zum Abschluß jedes Arbeitstages werden die erledigten Arbeiten abgehakt und das „Tagesthema" für den nächsten Tag festgehalten. Auf diese Aufgabe konzentrieren wir uns sodann in erster Linie.

Was auch immer anfällt oder dazwischenkommt – wenn wir wenigstens das wichtigste und dringendste Tagesthema zu Ende geführt haben, werden wir den Arbeitsplatz nicht unzufrieden und im Gefühl der Unzulänglichkeit verlassen.

(Natürlich kann es immer noch Tage geben, an denen gar nichts klappt und ganz auf ein unvorhergesehenes Ereignis eingegangen werden muß – sie bleiben aber wohl Ausnahmen und sind kein Grund, auf eine Planung zu verzichten.)

Wichtig für die Motivation wie auch für die weitere Planung sind *Tagesrückblicke*. Lassen Sie es sich zur Gewohnheit werden, jeden Abend den Arbeitstag nochmals zu überdenken, zu überlegen, was positiv war, welche geplanten Tätigkeiten Sie durchgeführt haben, wo Probleme auftraten, welche Schlußfolgerungen Sie daraus ziehen wollen, und dann die nächsten Tagesthemen festzulegen.

Terminkalender

Sind Sie hauptsächlich am Schreibtisch tätig? Dann verwenden Sie sicher einen Tischkalender, auf dem Sie Ihre Besprechungstermine und andere Verabredungen notieren. Für eine systematische

Beispiel einer Doppelseite eines erweiterten Tischkalenders

Montag, 4. Juli

7.30	
8.00	
8.30	
9.00	Baustellenkontrolle
9.30	Bespr. Baufirma
10.00	
10.30	
11.00	
11.30	
12.00	
12.30	Mittagessen m. Heinz (Sonne)
13.00	
13.30	
14.00	Bespr. Hr. Müller
14.30	
15.00	
15.30	Betriebsbegehung m. Meister
16.00	
16.30	
17.00	
17.30	
18.00	
18.30	
19.00	

Tagesthema

Bearbeitung der eingegangenen Angebote

Tel.

- Dr. Otto ✓
- Fa. Schwarz ✓
- Hr. Vogel ✓

Korr.

- Ing.büro Fietz ✓
- Voranschlag Elektroinst. ✓
- Müller & Co. ✓

Tagesrückblick

Tagesthema erledigt
Verzögerung durch defekte Baumaschine

Zeiteinteilung ist zu empfehlen, einen erweiterten Kalender zu benutzen, der nicht nur für jeden Tag eine Seite enthält, auf der die Uhrzeiten vorgedruckt sind, sondern der zusätzlich Raum bietet für die Monats- und Wochenziele, für Tagesthemen, Tagesrückblick und zu erledigende Korrespondenz bzw. Telefonate.

Vor Beginn jedes Monats und jeder Woche werden die für den entsprechenden Zeitraum geplanten Arbeiten eingetragen. Bei der Planung für den nächsten Tag wird das Tagesthema und die wichtigsten zu erledigenden Arbeiten notiert (s. Abbildung), am Abend im Tagesrückblick festgehalten, was plangemäß erledigt wurde und welche unvorhergesehenen Probleme auftraten. In gleicher Weise wird am Ende der Woche und des Monats ein Rückblick gehalten. Wir stellen damit sicher, daß wir nicht nur planen, sondern auch laufend kontrollieren.

Haben Sie auch schon eine Verabredung versäumt, einen Termin nicht eingehalten, weil sie im falschen Kalender eingetragen waren? Notieren Sie öfter unterwegs einen Termin, ein Versprechen, einen zu erledigenden Auftrag mangels anderen Papiers auf einen Briefumschlag, eine Eintrittskarte oder eine Papierserviette im Restaurant? Viele Leute tragen solche „Notizbündel“ mit sich herum. Manche dieser Erinnerungshilfen erfüllen später auch tatsächlich ihren Zweck – ein großer Teil wird aber im entscheidenden Moment nicht aufgefunden und fällt dann der nächsten Säuberungswelle zum Opfer.

Das Grundproblem liegt natürlich darin, daß wir uns einerseits unterwegs nicht mit dicken Notizblöcken und Kalendern belasten wollen, andererseits Ideen, Verabredungen und Arbeitsaufträge nicht nur dann eingehen, wenn wir vor unserem Schreibtisch sitzen.

Für alle jene Berufstätigen, die öfter unterwegs sind, ist deshalb eine „doppelte Buchführung“ zu empfehlen: Ein umfangreicher Tischkalender einerseits, ein Taschenkalender andererseits, der handlich sein muß, aber trotzdem auch Notizblätter für Ideen und Beobachtungen enthält. Beim abendlichen Tagesrückblick wird der Taschenkalender regelmäßig geprüft und alle Notizen in den Schreibtischkalender übertragen.

Fragt man Herrn Fischer hinter seinen Aktenbergen, warum er seine Papierstapel nicht in den Schränken und Schubladen verwahre, wird er dies nicht mit Platzmangel begründen, sondern mit seinem Arbeitssystem: „Es handelt sich hier um unerledigte Vorgänge. Solange sie sich auf meinem Schreibtisch türmen und ich sie täglich mehrmals umschichte, werde ich immer wieder daran erinnert. Würde ich sie in Schränken verstauen, gerieten sie in Vergessenheit."

Leider weist dieses „Planungssystem" einige Nachteile auf: Die Stapel erlauben keinen Hinweis darauf, welche Arbeiten vordringlich sind, das Erinnertwerden ist an die Zufälle der jeweiligen „Schichtarbeiten" gebunden, Herr Fischer hat sich längst an die Berge gewöhnt, so daß er von deren Anblick nicht mehr motiviert wird – und die Zeit, die er mit dem Suchen der Unterlagen verbringt, könnte sinnvoller verwendet werden.

Zweifellos trifft es zu, daß wir Dinge, die „aus den Augen" sind, leicht „aus dem Sinn" verlieren. Nur gibt es noch andere Möglichkeiten, uns an das Unerledigte zu erinnern als dessen Anwesenheit auf dem Schreibtisch. Zu prüfen ist beispielsweise das Führen von *Arbeits- und Dringlichkeitslisten*. Sie ersetzen nicht nur die Aktenstapel sondern auch die vielerorts vorhandene „Zettelwirtschaft". In diese Liste tragen wir alle neu übernommenen oder auch in größeren Zeitabständen wiederkehrenden Aufgaben ein und geben dazu deren Dringlichkeit oder ein Erledigungsdatum an (s.S. 113). Erfordert eine Arbeit verschiedene Einzelmaßnahmen, ist es sinnvoll, diese getrennt aufzuführen, um den Überblick über den Stand der Arbeiten zu behalten.

Wenn Sie viele Einzelarbeiten von sehr unterschiedlicher Dringlichkeit haben, kann auch eine weitere Gliederung sinnvoll sein: In eine Liste tragen Sie die in der laufenden Woche zu erledigenden Aufgaben ein, in eine zweite die erst in der nächsten oder übernächsten Woche fällig werdenden. Auf diese Weise vermeiden Sie, daß Sie dicke Listensammlungen immer weiter kontrollieren müssen, nur weil auf jeder Seite eine Arbeit noch nicht erledigt ist.

Beispiel einer Arbeitsliste

Datum	Arbeit	Termin Dringlichkeit	Erledigungs-datum
27. 3.	Verkaufsstatistik	1	
27. 3.	Angebot Versicherung	2	
28. 3.	Stellenbeschreibung	2	
etc.			

Natürlich müssen diese Listen auch laufend geprüft und jeden Abend als Grundlage für die Tagesthemen und zu erledigenden Arbeiten des nächsten Tages genommen werden. (Es soll auch schon vorgekommen sein, daß sich der Arbeitseifer mit dem Eintragen in die Liste erschöpfte und die Arbeit im beruhigenden Gefühl, sie aufgeschrieben zu haben, vergessen wurde . . .)

Erledigungsliste

Diese Liste nimmt kurzfristig zu erledigende Arbeiten (z.B. Telefonanrufe, Abklären bestimmter Fragestellungen, zu erledigende Korrespondenz) auf und ersetzt die Vielzahl kleiner Notizzettelchen, die auf vielen Schreibtischen zu finden sind und die leicht zwischen anderen Akten verschwinden. Das Eintragen auf einer Liste ermöglicht eine bessere Kontrolle wie auch ein rationelles Vorgehen, indem beispielsweise alle zu erledigenden Telefongespräche hintereinander geführt werden können.

Ist eine Arbeit ausgeführt, wird das entsprechende Datum in der letzten Kolonne eingetragen. Mit Vorteil werden die Blätter auch dann noch eine Weile aufbewahrt, wenn alle angegebenen Aufträge abgehakt sind; sie ermöglichen uns eine Kontrolle bei Rückfragen.

Funktionieren können diese Listen natürlich nur, wenn sie immer in Reichweite sind, wenn wir z.B. während eines Telefongesprächs den übernommenen Auftrag, die zu beschaffende Information gleich eintragen können und nicht den Umweg über Notizzettel nehmen müssen. Unser Schreibtisch ist ja durch unser neues Planungssystem leergeräumt. Außer dem Terminkalender, den in Arbeit befindlichen Unterlagen müssen nur die Arbeits- und Erledigungslisten obenauf liegen. Prüfen Sie, welches Ordnungssystem sicherstellt, daß alle Akten übersichtlich verstaut und jederzeit griffbereit sind. In den meisten Fällen leisten Hängeregistraturen gute Dienste.

Auftragsbuch

„Es wäre ja schön, wenn ich planen und nach Dringlichkeit vorgehen könnte", beklagt sich Frau Huber. „Mein Problem besteht darin, daß immer wieder ein anderer Mitarbeiter mit einer Arbeit ankommt und der Ansicht ist, daß ich alles andere liegen lassen muß, um seinen Auftrag sofort zu erledigen."

Vielleicht hilft ihr ein *Auftragsbuch*, auch den Mitarbeitern einen Überblick über ihre Arbeitsbelastung zu geben und die Dringlichkeit abzusprechen.

G. Weilenmann (1972) empfiehlt, das Auftragsbuch in zwei Teile zu gliedern: Dauer- und Einzelaufträge. Die *Daueraufträge* werden nach der Häufigkeit der Erledigung gegliedert, d.h. täglich, wöchentlich, monatlich, quartalsweise und jährlich. Innerhalb jedes Teils wird aufgeteilt nach zeitlich gebundenen und zeitlich ungebundenen Arbeiten (z.B. täglich um 9 Uhr Post sortieren – täglich Bestand kontrollieren; jeden Montag Wochenstatistik erstellen – wöchentlich Wochenberichte lesen, usw.). Erfahrene Mitarbeiter kennen alle diese Aufträge zwar in der Regel auswendig; dieser Teil des Auftragsbuches gibt aber erstens einen Überblick über die Beanspruchung durch Routinearbeiten und leistet zweitens gute Dienste bei Stellvertretungen und bei der Einführung neuer Mitarbeiter.

Die *Einzelaufträge* werden wie die Arbeitslisten geführt: Die Arbeiten werden in der Reihenfolge der Erteilung eingetragen, mit Fristen versehen und in der Erledigungskolonne mit Datum abgehakt. Wer Arbeiten von mehreren Seiten erhält, wird es nützlich finden, eine zusätzliche Kolonne „Auftraggeber“ anzubringen.

Erledigungskartei

Auftragsbücher und Arbeitslisten helfen dem Mitarbeiter, der eine Tätigkeit ausführen muß, den Termin nicht aus den Augen zu verlieren. Aber auch wenn wir als Vorgesetzte Aufträge erteilen, ist es wichtig, daß wir die Fristen kontrollieren können. G. Gross empfiehlt dafür die Erledigungskartei: Die Leitkarten tragen die Monatsnamen und Tageszahlen. Für jeden Auftrag wird eine Erledigungskarte erstellt, die in Stichworten die auszuführende Tätigkeit, den Namen des dafür Verantwortlichen und den Erledigungstermin festhält. Unter diesem Termin werden die Karten eingereiht und ermöglichen damit eine laufende Übersicht. Auch an eigene Termine kann uns die Erledigungskartei erinnern.

Elemente einer sinnvollen Zeitgestaltung

Es wurde bereits mehrfach betont: Wir können unsere Zeit nicht nach starren übernommenen Rezepten planen, sondern müssen von den individuellen Zielen und Gegebenheiten ausgehen. Nur wir selbst können entscheiden, welche „Instrumente“ in unserem Fall hilfreich sind, wie wir unsere Arbeiten und Bedürfnisse am besten koordinieren. Einige wichtige Elemente gehören aber zu jeder sinnvollen Planung. Mit der nachfolgenden „Check-list“ können Sie prüfen, ob Ihre Methode diese Bestandteile enthält:

1. Ich habe klare Ziele und kenne meine Bedürfnisse und Prioritäten ja / nein
2. Ich kenne meinen Tagesrhythmus und meinen Arbeitsstil und berücksichtige diese Kenntnisse nach Möglichkeit bei der Entscheidung, wann besonders anspruchsvolle Arbeiten erledigt und wann Pausen eingeschaltet werden sollen ja / nein
3. Ich setze meine Ziele und Vorsätze in konkrete Etappenziele bei der lang-, mittel- und kurzfristigen Planung um ja / nein
4. Ich verfüge über ein Notizsystem, das mir zu jeder Zeit einen Überblick über meine Ideen, Absichten, Versprechungen und zu erledigende Arbeiten ermöglicht ja / nein
5. Ich weiß, wieviele Wochenstunden die regelmäßig wiederkehrenden Arbeiten erfordern und wieviele Stunden für einmalige größere Aufgaben planbar sind ja / nein
6. Ich habe – ausgehend von meinem Tagesrhythmus – überlegt, zu welchen Zeiten und in welcher Abfolge die regelmäßig wiederkehrenden Arbeiten am besten und zeitsparend erledigt werden können. ja / nein
7. Ich bereite mich auf jeden Tag vor, indem ich ein oder mehrere Tagesziele festlege und Prioritäten setze ja / nein
8. Mein Planungssystem sichert mir größere ungestörte Zeiträume für anspruchsvolle Aufgaben ja / nein
9. Den abendlichen Rückblick brauche ich zum Überprüfen, Durchdenken, Einordnen und Werten der Arbeiten des Tages ja / nein
10. Ich kontrolliere regelmäßig, ob die von mir festgelegten Ziele erreicht wurden ja / nein

Selbstbefragung

Wie sieht Ihr Berufsalltag aus? Der Überblick über einige Planungsinstrumente und die hier gewählten Beispiele können natürlich nur allgemeine Anregungen geben. Welches Vorgehen für Sie vorteilhaft ist, hängt nicht nur von Ihren persönlichen Neigungen, sondern auch von der Art der auszuführenden Arbeiten, der Zahl der Termine, der einzuhaltenden Fristen ab. Wichtig ist vor allem, daß das gewählte Vorgehen auf Ihre Bedürfnisse zugeschnitten ist.

Welches Planungsinstrument verwende ich?

....

Bin ich damit zufrieden?

○ ja

○ teilweise

○ nein

Welches andere Planungsinstrument könnte mir gute Dienste leisten?

○ Zeitkontrollblätter

○ Erweiterter Tischkalender

○ Arbeits- und Dringlichkeitslisten

○ Auftragsbuch

○ Erledigungskartei

○ ....

○ ....

Hinweise zu den Fallbeispielen von S. 83/84

	Hauptproblem	Ratschläge
Frau Huber	– Keine Prioritäten – Zeitverschwendung durch Zersplitterung	– Führen eines Auftragsbuches (s.S. 114) – Wichtige Arbeiten zu Ende führen bevor nächste angefangen wird
Herr Weber	– Zu viele Störungen – Mangelnde Prioritäten	– Problembewußtsein durch Tagesrapporte – Sicherung größerer störungsfreier Zeitblöcke durch Setzen von Tageszielen (s.S. 109) Einrichten von Sperrstunden (s.S. 106)
Herr Fischer	– Unsystematisches Vorgehen – Keine Übersicht über Dringlichkeit der anstehenden Arbeiten	– Akten in gut beschriftete Hängeregistratur – Führen von Arbeits- und Erledigungslisten (s.S. 112/3)
ich selbst		

V. Wo bleibt nur meine „freie“ Zeit? – Zwischen Beruf und Freizeit

Frau Lehmann ist seit einiger Zeit wieder halbtags berufstätig. Sie hatte sich auf die Arbeit gefreut, fühlt sich jetzt aber ständig gehetzt. Um ihrem Mann zu beweisen, daß ihre Berufstätigkeit kein Problem ist, pflegt sie den Haushalt noch besser als zuvor und verbringt viel Zeit damit, aufwendige Menüs zu kochen. Da sie festgestellt hat, daß ihre Sprachkenntnisse während ihrer „Hausfrauen-Jahre“ in Vergessenheit geraten sind, hat sie sich zu einem Englisch-Kurs angemeldet. Allerdings schiebt sie die dafür notwendigen Übungen immer wieder vor sich hin.

Ihrer Tochter gegenüber hat sie ein schlechtes Gewissen: Während des ganzen Sommers hatte sie ihr einen Besuch im Schwimmbad versprochen; doch immer wenn das Wetter schön war, mußte sie dringende andere Dinge erledigen (Zahnarzt, Großeinkauf, Besuch), und an den Tagen, die sie wirklich dafür freigehalten hatte, regnete es.

Für sich selbst, zum Entspannen und Abschalten, bleibt Frau Lehmann keine Zeit mehr. Seit Monaten hat sie kein Buch mehr gelesen.

Nervös hupt Herr Heller, wenn der Autofahrer vor ihm nicht sofort auf das Umspringen der Verkehrsampel reagiert: Er hat am Morgen keine Zeit zum Verschenken, kann seinen ersten Termin nur einhalten, wenn er ohne Staus und Verzögerungen zum Arbeitsplatz gelangt. Die Sitzung seiner Partei am Vorabend hat wieder sehr lange gedauert – und nach dem Läuten des Weckers ist er nochmals eingeschlafen.

Wenn Freunde die Hellers einladen wollen, müssen sie dies sehr langfristig tun: Neben seinen Ämtern und Verpflichtungen bleibt selten ein Abend frei.

Herr Braun will beruflich weiterkommen. Um ein Diplom als Buchhalter zu erwerben, hat er sich für einen Fernkurs angemeldet. In zwei Jahren will er sich neben seiner Berufstätigkeit durch Bearbeiten der Lehrhefte, Einsenden der Aufgaben und Besuch von Wochenendkursen auf die Abschlußprüfungen vorbereiten.

Zielstrebig plant er seine Zeit: Nach der Heimkehr von seiner Arbeit wird er kurz essen und dann jeden Abend zwei Stunden lernen. Um fit zu bleiben, hat er sich für einen Abend pro Woche zum Konditionstraining angemeldet. Der Samstagvormittag dient dem Bearbeiten der Aufgaben, der Sonntag als Reserve, falls das Pensum noch nicht geschafft ist.

Bei alledem bleibt ihm natürlich kaum mehr Zeit für seine Familie, seine Freunde oder zur Entspannung. Er verschiebt all dies auf später, wenn er seine Prüfungen bestanden hat.

Geht es Ihnen ähnlich wie Herrn Braun, Herrn Heller oder Frau Lehmann? Wo sehen Sie die Hauptprobleme, welche Ratschläge würden Sie geben?

	Hauptproblem	Ratschläge
Frau Lehmann		
Herr Heller		
Herr Braun		
ich selbst		

Vergleichen Sie Ihre Antworten mit den Hinweisen auf S. 143

Wenn von Zeitproblemen die Rede ist, denken die meisten Leute vor allem an die Planung ihrer Berufsarbeit. Auf das ganze Jahr und das ganze Leben gesehen, beansprucht diese aber nur einen kleinen Teil unserer Zeit. Der (größere) Rest ist zwar oft weitgehend von der beruflichen Tätigkeit bestimmt, indem wir die Schlaf-, Weck-, Essens- und Fahrzeiten nach den Arbeitszeiten richten. In der Gestaltung sind wir aber freier – was, wie die geschilderten Fallbeispiele zeigen, nicht unbedingt zu weniger Streß führt als die vorgegebene Arbeitszeit.

Das Leben findet jetzt statt

Haben Sie Thornton Wilders Schauspiel „Unsere kleine Stadt" gesehen? Emily, eine der Hauptpersonen des Stückes, stirbt als junge Frau bei der Geburt ihres zweiten Kindes. Sie möchte sich aber nicht unter die Toten einreihen, sondern bittet den Spielleiter um die Erlaubnis, einen Tag ihres Lebens nochmals zu erleben. Die anderen Toten warnen sie, und sie erfährt es nach wenigen Minuten des „Wiederlebens" selbst: sie kann – aus dem Wissen der Vergänglichkeit – nicht ertragen, wie oberflächlich und gedankenlos die Menschen leben, wie wenig sie wahrnehmen, wie sie ihre Zeit zerrinnen lassen:

Emily (zum Spielleiter) Ich kann nicht! Ich kann nicht mehr! Es geht so schnell. Wir haben gar keine Zeit, uns anzusehen.

(...)

Ich stellte es mir nicht so vor. Dies alles geschah, und wir bemerkten es nicht. Bring mich zurück – auf den Hügel – in mein Grab. Nein, warte: noch einen Blick! Leb wohl, leb wohl, Welt. Leb wohl, Grover's Corners . . . Mama und Papa. Lebt wohl, tickende Uhren . . . und Mamas Sonnenblumen. Und Frühstück und Kaffee. Und frisch geplättete Kleider und warme Bäder . . . und schlafen und aufwachen. O Erde, du bist zu schön, als daß irgend jemand dich begreifen könnte. (Sie sieht den Spielleiter an und fragt plötzlich, unter Tränen) Begreifen die Menschen jemals das Leben, während sie's leben – jeden, jeden Augenblick?

Spielleiter: Nein. (Pause) Die Heiligen und die Dichter vielleicht – bis zu einem gewissen Grade.

(. . .)

Simon Stimson (mit steigender Heftigkeit, beißend) Ja, nun wissen Sie's. Nun wissen Sie's. So sah das also aus: am Leben zu sein. Eingehüllt in eine Wolke der Unwissenheit, in ewigem Auf und Ab herumtrampelnd auf den Gefühlen derer, die . . . die um uns sind. Die Zeit dahinbringen und verschwenden, als ob man eine Million Jahre zu leben hätte.

(Aus: „Unsere kleine Stadt" 3. Akt. von Thornton Wilder, 1938)

Der Esel und die Karotte

Sicher haben Sie auch schon über das Bild des dummen Esels geschmunzelt, der – im ständigen Bemühen, die Karotte zu erreichen, den Wagen zieht.

Viele Menschen erwarten ihr „wirkliches Leben" immer nur von der Zukunft. Sie verbringen ihr ganzes Leben im Warten auf den „entscheidenden" Zeitpunkt: bis sie „groß" sind, bis sie die

erhoffte berufliche Stellung erreicht, bis sie Kinder oder ein eigenes Haus haben, bis die Kinder groß sind – und denken nur im Rückblick, etwa beim Betrachten der Fotoalben, wie schön es „damals“ war . . .

„Zeit haben“ besteht nicht darin zu planen, auf die gesteckten Ziele hinzuarbeiten, sondern die Gegenwart bewußt erleben zu können. Zeit haben, bedeutet, jetzt (und nicht in der Zukunft) frei zu sein, für ein Gespräch, ein Spiel oder ein ruhiges Nachdenken.

Ziele sind wichtig – noch wichtiger ist aber, daß wir erkennen, daß unser Leben in der Reise besteht und nicht im Ankommen. Wer dies nicht sieht, kann ins Bodenlose fallen, wenn er das lang erstrebte Ziel erreicht hat: Manche Menschen brechen zusammen oder begehen sogar Selbstmord, wenn sie endlich den Abschluß geschafft, die Prüfung bestanden haben, für die sie so lange gearbeitet und so viel geopfert haben.

Plädoyer für die Freizeit

> „Guten Tag“, sagte der Händler. Er handelte mit höchst wirksamen, durststillenden Pillen. Man schluckt jede Woche eine und spürt überhaupt kein Bedürfnis mehr zu trinken.
>
> „Warum verkaufst du das?“ fragte der kleine Prinz. „Das ist eine große Zeitersparnis“, sagte der Händler. „Fachleute haben ausgerechnet, daß man damit 53 Minuten pro Woche sparen kann.“ –
>
> „Und was macht man mit diesen 53 Minuten?“
>
> „Man macht damit, was man will“ . . .
>
> „Wenn ich 53 Minuten zur Verfügung hätte“, dachte der kleine Prinz, „dann würde ich ganz gemächlich zu einem Brunnen spazieren.“
>
> A. Saint-Exupéry „Der kleine Prinz“

Sehnen Sie sich manchmal danach, einen ganzen Tag, der durch keine Verpflichtungen oder Abmachungen unterbrochen wird, zur freien Verfügung zu haben? Möchten Sie genießen, was Ihnen gerade gefällt, ohne auf die Uhr zu schauen und ohne Zwang, etwas zu leisten? Oder erfüllt Sie diese Vorstellung mit Angst vor Langeweile oder mit einem schlechten Gewissen, weil „man" nicht untätig sein, seine Zeit nicht „verschwenden" darf?

Die Entscheidung, welche Zeit verschwendet ist, muß jeder für sich treffen. Sind es jene Minuten, in denen wir an der Sonne sitzen, zufrieden mit uns sind und „nichts" tun – oder jene, in denen wir zwar betriebsam sind, aber im Grunde überflüssige Arbeiten ausführen? In den Augen der „andern" gilt die Betriebsamkeit mehr. Dies führt dazu, daß manche Hausfrauen sich an einem schönen Frühlingstag nur mit einem Wassereimer und einem Putzlappen in der Hand ins Freie trauen: Ohne die „Legitimation", das Auto zu waschen, gestatten sie sich nicht, die Sonne zu genießen. Andere brauchen wenigstens einen Hund an der Leine, um spazierengehen zu „dürfen" . . .

Menschen, die „Zeit haben“, die sich auf die Gegenwart einstellen können, haben nicht unbedingt weniger Arbeit als andere, die ständig gehetzt und getrieben sind. Es ist vor allem die Fähigkeit, eigene Schwerpunkte zu setzen und zu seinen Entscheidungen zu stehen.

Bei unserer beruflichen Tätigkeit ist es in der Regel unumgänglich, daß wir Termine vereinbaren, genau planen und Verabredungen, Pläne und Zeitvorschriften pünktlich einhalten. Die Freizeit gibt uns die Möglichkeit, dazu ein Gegengewicht zu setzen. Wir benötigen deshalb zwei verschiedene Einstellungen zur Zeit und vor allem die Fähigkeit, von der einen zur andern „umzuschalten“: vom sachlichen, rationellen Vorgehen bei der Arbeit, mit dessen Hilfe wir unsere Aufgaben ohne Streß bewältigen können, zum Abschalten und bewußten Erleben der Freizeit in Tätigkeiten, bei denen die Dauer keine Rolle spielt.

Die Freizeitmöglichkeiten sind heute fast unbegrenzt. Das Problem besteht nicht darin, sich zu beschäftigen, sondern trotzdem noch Zeit zu finden für sich selbst, nicht jede Minute zu „füllen“, sondern auch „Leerzeiten“ zu ertragen.

Zeit mit Kindern

Zeit der Kinder

„Jetzt ist aber Schluß! In 10 Minuten ist dein Zimmer aufgeräumt, sonst . . .!“ Zu solchen „Machtworten“ werden wohl alle Eltern ab und zu hingerissen, wenn sie die Unordnung im Kinderzimmer nicht mehr sehen können und alle Bitten und Appelle ungehört verhallt sind.

Daß die Ordnung als Konfliktstoff immer wieder auftaucht, liegt sicher auch am unterschiedlichen Zeitgefühl der Kinder. Während die Eltern unter Aufräumen ein möglichst schnelles, systematisches Vorgehen verstehen, werden Kinder oft vom „Eigenleben“ der Dinge bestimmt. Wenn mein fünfjähriger Sohn aufräumt, wird daraus meist ein intensives, sehr konzentriertes Spiel. Da werden die Männchen, Autos und Tiere liebevoll verladen, zum Schrank gefahren und aufgestellt, wobei die „persönlichen Wünsche" jedes einzelnen berücksichtigt werden. Zeit spielt dabei keine Rolle, und meist entsteht eine neue Spielidee lange bevor von Ordnung gesprochen werden kann. Unterbreche ich ihn mit einem neuen Hinweis aufs Aufräumen, reagiert er zornig und frustriert. Dann denke ich daran, daß ich mir auch schon vorgenommen habe, meinen Schrank aufzuräumen und mich Stunden später dabei ertappte, wie ich alte Briefe las, Bücher durchblätterte und Fotos betrachtete . . .

Das andere Zeitgefühl der Kinder ist oft Anlaß zu Konflikten zwischen Eltern und Kinder. Mütter reagieren gereizt, wenn die Kinder immer wieder zu spät zum Essen kommen oder endlos über ihren Hausarbeiten trödeln. Kleinere Kinder sehen nicht ein,

warum alltägliche Verrichtungen möglichst schnell ablaufen sollen, und machen aus dem Anziehen, Waschen und Essen ein Spiel – während die Eltern immer ungeduldiger werden, zur Eile mahnen, weil Termine drängen oder auch nur, weil ihnen jede Trödelei verhaßt ist. Natürlich erfordern die Umstände (z.B. Kindergarten- oder Schulbeginn) oft genug, daß wir auf Tempo dringen. Wenn aber keine Termine eingehalten werden müssen, können wir von den Kindern auch wieder lernen, die Zeit zu vergessen, die Gegenwart zu erleben, uns auch Alltäglichem bewußt zuzuwenden.

Mehr Gelassenheit in der Beziehung zur Zeit ist sicher eine wichtige Voraussetzung für ein harmonisches Zusammenleben mit Kindern. Dies gilt nicht nur für den Alltag, sondern auch für gemeinsame Unternehmungen. Viele Erwachsene denken auch bei Hobby und Sport in „Quantitäten". Wenn sie spazierengehen oder radfahren, müssen es möglichst viele Kilometer, wenn sie angeln, möglichst viele Fische in möglichst kurzer Zeit sein. Kindern ist dieses Denken fremd. Sie bleiben beim Wandern stehen, wenn ihnen eine Katze entgegenläuft, probieren den Spielplatz aus, an dem der Weg vorbeiführt, beobachten entzückt die jungen Enten im See – und verstehen die Erwachsenen nicht, die nur das Ziel vor Augen haben.

Die Kinder können uns helfen, den Wechsel vom rationellen, leistungsorientierten Umgang mit der Zeit bei unserer Arbeit zum Abschalten und Genießenkönnen in der Freizeit zu vollziehen. Aber auch die Kinder können nur dann eine ungestörte Beziehung zur Zeit entwickeln, wenn wir nicht ihren ganzen Tag verplanen, sondern ihnen ausreichend Zeit zur eigenen Gestaltung geben.

Haben Sie schon beobachtet, wie sich Kinder verhalten, die bei anderen auf Besuch sind? Oft „hängen" sie erst eine Weile herum, langweilen sich ein wenig, erwägen und verwerfen verschiedene Tätigkeiten – und sind gerade dann in das schönste Spiel vertieft, wenn die Erwachsenen zum Aufbruch blasen. Auch Kinder brauchen eine „Aufwärmphase" und können ihre Phantasie nicht „scheibchenweise" entfalten. Um sich richtig in ein Spiel einzudenken, brauchen sie längere ungestörte Zeiten. Das gleiche gilt für die freien Nachmittage und die Schulferien. Wer seinen Kindern ständig ein Programm bietet und ihnen nur „Überbrückungszeiten" zur freien Verfügung stellt, muß sich nicht wundern, wenn sie auf eigene Initiativen verzichten und nur noch im Fernsehprogramm blättern.

Kinder haben ein anderes Zeitgefühl. Viele Erwachsene glauben deshalb nicht, daß sie die Verantwortung für ihre Zeit übernehmen können. Am deutlichsten wird dies bei den Schularbeiten. Wenn die Mutter die Zeit für deren Erledigung festsetzt und überwacht, muß das Kind zur Überzeugung kommen, daß *sie* dafür zuständig ist. Meine siebenjährige Tochter entscheidet selbst, wann sie die Schularbeiten macht – und ich habe volles Verständnis dafür, daß sie nach einem langen Schulvormittag erst einmal ausruhen, spielen oder ins Freie will. Weil es ja „ihre" Aufgaben sind, sorgt sie auch für deren Erledigung.

Vielleicht sind nicht alle Kinder so pflichtbewußt. Manche benötigen mehr Hilfe. Wichtig ist aber die grundsätzliche Übereinstimmung, daß die Verantwortung beim Kind liegt. Die Mitwirkung der Mutter kann dann beispielsweise in einem Gespräch über das Problem bestehen, wie die verschiedenen Bedürfnisse (Spiel, Erholung) so berücksichtigt und in den Tagesrhythmus des Kindes eingebaut werden, daß ausreichend Zeit für die Schularbeiten bleibt – zu einer Tageszeit, in der das Kind noch aufnahme- und leistungsfähig ist. (Voraussetzung ist natürlich, daß überhaupt Spielraum bleibt und nicht die Schularbeiten die ganze „Freizeit" beanspruchen!)

Zeit für Kinder

Für viele Eltern besteht das Problem aber nicht darin, Verständnis für das Zeitgefühl ihrer Kinder aufzubringen, sondern *Zeit für sie* zu finden. Voll oder teilweise berufstätige Mütter, sowie Frauen, die mehrere kleine Kinder haben, werden von ihren vielfältigen Aufgaben oft so beansprucht, daß sie kaum mehr dazu kommen, mit ihren Kindern zu spielen. Auf der einen Seite steht die Arbeit, die getan werden muß, auf der andern mahnt das schlechte Gewissen, daß Kinder einen Anspruch auf unsere Zeit haben.

Ein erster Schritt aus diesem Konflikt ist sicher das Klarwerden über unsere eigenen Prioritäten (vgl. S. 79). Wenn wir für uns entschieden haben, daß uns die *Kinder* wichtig sind, und es uns ein Anliegen ist, Zeit für sie zu haben, können wir auch zu den Konsequenzen stehen. Dann bleiben die Fenster einmal ungeputzt und die Gäste werden mit weniger aufwendigen Gerichten bewirtet.

Ein zweiter Schritt besteht darin, daß wir uns von der Vorstellung befreien, Zeit für die Kinder müsse immer in gemeinsames

Spiel umgesetzt werden. Für kleinere Kinder ist es genauso schön, mit der Mutter oder dem Vater zusammen zu „arbeiten“. Sie freuen sich dabei nicht nur über die gemeinsame Tätigkeit, sondern sind auch stolz darauf, ernst genommen zu werden und dasselbe zu tun wie die Eltern. Natürlich sind nicht alle Arbeiten für Kinder gleichermaßen attraktiv. Die „Favoriten“ meiner Kinder waren (und sind) alle Tätigkeiten, die mit Wasser zu tun haben – vom Fensterputzen über Spülen und Bodenwischen bis zum Blumengießen – sowie jene, die den Einsatz von Maschinen erfordern (Rasenmähen, Staubsaugen). Andere Kinder helfen besonders gern beim Kochen, beim Einkaufen oder beim Wäsche-Aufhängen.

Wichtig ist, daß sich die Mutter dabei vom Leistungsdenken befreien sollte. Meist wird durch die „Hilfe“ des Kindes die Arbeit zeitraubender, weil Mißgeschicke passieren, weil wir vieles erklären müssen, das wir bisher für selbstverständlich gehalten haben, und weil wir oft unauffällig nochmals „nachdoppeln“ müssen. Aber wenn wir uns davon nicht aus der Ruhe bringen lassen, macht die gemeinsame Arbeit auch uns Spaß.

Größere Kinder könnten durch die Übernahme einiger Pflichten schon eine echte Hilfe sein – doch ist bei ihnen die Bereitschaft zur Mitarbeit meist deutlich geringer. Daß die Entlastung von bestimmten Hausarbeiten der Mutter mehr Zeit für gemeinsame Unternehmungen läßt, leuchtet aber den meisten Kindern ein.

Sicher kommt es nicht auf die Zahl der Stunden an, die wir mit unseren Kindern verbringen. Entscheidend ist, daß wir selbst zu der Überzeugung kommen – und auch ihnen das Gefühl vermitteln können – daß *sie* für uns wichtig sind und nicht jede andere Arbeit Vorrang vor ihren Bedürfnissen hat.

Aus diesem Grund dürfen Kinder auch nicht immer wieder vertröstet werden; ihnen abgegebene Versprechungen müssen genauso ernst genommen werden wie andere Abmachungen. Wenn die Kinder wissen, daß und wann die Eltern Zeit für sie haben, sind sie auch eher bereit, sie in der übrigen Zeit ungestört arbeiten zu lassen.

Flexibilität ist bei jeder Planung notwendig – bei der Zeit für die Kinder in besonderem Maße. Sie ermöglicht uns, auf ein Spiel einzugehen, das aus dem Augenblick entstanden ist, und uns umzustellen, wenn Unvorhergesehenes dazwischenkommt. (So sind sicher viele Mütter – wie ich – beim Eintritt ihres jüngsten Kindes in den Kindergarten daran gegangen, ihre nunmehr „kinderlosen“ Vormittage neu zu organisieren, und mußten diese Pläne fast die Hälfte der Zeit fallenlassen, weil das Kind wegen immer neuen Erkältungen, Grippen und Kinderkrankheiten zuhause bleiben muß.)

Zeit trotz Kindern

Sicher ahnen Sie, welche Bevölkerungsgruppe am wenigsten Freizeit hat – und zwar im Osten wie im Westen: die berufstätigen Mütter. Umfragen zeigen, daß – trotz allen Reden von Gleichberechtigung – auch heute noch die Haushaltspflichten fast ausschließlich von den Frauen wahrgenommen werden. Die Männer helfen nur in Ausnahmefällen, seltener als die Kinder.

Viele berufstätige Mütter ertragen die Doppelbelastung, zu der noch das schlechte Gewissen kommt, zuwenig Zeit für die Kinder zu haben. „Früher hatten die Frauen noch mehr Kinder und keine zeitsparenden Haushaltsgeräte“, denken sie und beißen die Zähne zusammen. Aber – abgesehen davon, daß klaglos ertragener Streß in früheren Zeiten nicht dazu zwingt, ihn immer weiter zu ertragen – wird oft übersehen, daß die einstige Großfamilie eine wichtige Entlastung darstellte. Auch heute bedeutet die in der Nähe wohnende Großmutter oder Tante für viele Mütter die „Rettung“, während andere bei der Arbeit, bei jedem Einkauf oder Arztbesuch ständig die Uhr im Auge behalten müssen, von der angstvollen Vorstellung gepeinigt, daß gleich die Kleinste aus dem Kindergarten kommt und vor der verschlossenen Türe steht.

In manche solcher Situationen haben wir uns aus falschem Stolz selbst gebracht: wir wollen uns und der Umwelt beweisen, was wir alles schaffen, und zeigen keinem, wie schwer es uns fällt. Ein offenes Gespräch in der Familie und eine Neuverteilung der Pflichten kann schon eine große Entlastung bedeuten. Aber auch mit Freunden, Arbeitskollegen und Nachbarn lassen sich Absprachen (auf Gegenseitigkeit) treffen, wohin sich die Kinder wenden können, wenn keiner zuhause ist. Oft fehlt es nur am Eingeständnis, daß wir diese Hilfe brauchen.

Eine große und vielfältige Belastung läßt sich auf Dauer nur ertragen, wenn trotzdem noch Zeit für uns selbst bleibt, Zeit, in der wir uns wirklich ungeteilt (und nicht mit einem Ohr immer auf Kindergeschrei lauschend) einer Tätigkeit widmen können. Regelmäßige Theaterbesuche mit einer Freundin, ein Hobbykurs, sportliche Betätigung, ein interessantes Buch oder auch ein völliges Entspannen und Nichtstun können uns zu diesem Ausgleich verhelfen. Viele Frauen sehnen sich ab und zu nach einem Wochenende, an dem sie ganz abschalten, Arbeit und Kinder hinter sich lassen können. Wichtig ist, daß wir dieses Bedürfnis nicht nur aussprechen, sondern auch nach Möglichkeiten suchen, es zu verwirklichen. Wenn die Kinder einmal ein ganzes Wochenende mit dem Vater, der Oma oder bei Freunden ohne die Mutter zurechtgekommen sind, kann diese sich auch von dem oft bedrükkenden Gefühl der Unentbehrlichkeit befreien.

Wieviel Spielraum bleibt?

Wem im Berufsleben ständig die Zeit für die wichtigsten Arbeiten fehlt, dem wird das Führen von Tagesrapporten empfohlen (vgl. S. 86), um festzustellen, wo die Zeit eigentlich bleibt. Auch außerhalb des Berufs kann sich eine solche Bestandsaufnahme sehr positiv auswirken, wenn wir

- von vielfältigen Aufgaben beansprucht werden
- das Gefühl haben, uns zwischen allzuvielen Tätigkeiten aufzureiben und zu zersplittern
- unzufrieden mit der Gestaltung unserer Freizeit sind.

Sie soll uns zeigen, wie die 24 Stunden des Tages, die 168 Stunden der Woche verbracht werden – und Ansatzpunkte für Veränderungen liefern.

Die Tagesrapporte führen wir während mindestens einer, noch besser während zwei Wochen. Das Vorgehen entspricht dem auf

S. 86 beschriebenen, nur werden hier die ganzen 24 Stunden des Tages, von Mitternacht bis Mitternacht – erfaßt; die berufliche Tätigkeit wird nicht detailliert sondern nur als „Block" notiert (vgl. Abbildung S. 133).

Die Tagesrapporte einer Woche werden wiederum zu Kategorien zusammengefaßt, in die Wochenübersicht eingetragen und die Summen und Durchschnittswerte ausgerechnet (vgl. S. 134). Noch besser können die Ergebnisse untersucht und ausgewertet werden, wenn nicht nur die Summen und Durchschnittswerte für die ganze Woche, sondern zusätzlich nur für die Arbeitstage ausgerechnet werden (vgl. Tabelle S. 135).

Mit dieser Zusammenstellung halten wir uns einen Spiegel vor, in dem wir uns kritisch von allen Seiten betrachten und feststellen können, was uns gefällt und was gar nicht unseren Absichten entspricht. Manche Ergebnisse können uns überraschen oder erschrecken: wenn wir beispielsweise sehen, wieviel Zeit wir insgesamt vor dem Fernseher verbringen und wie wenig Zeit für die Menschen bleibt, die uns am nächsten stehen.

Mehr als 2 Stunden pro Tag sieht der Durchschnittszuschauer in der Bundesrepublik fern. „Wir sehen stundenlang dem Leben anderer zu – passiv vor dem Bildschirm, statt unser Leben aktiv selbst zu gestalten. Wir kennen die Staatsmänner der Welt besser als unsere Nachbarn. Wir hören stundenlang zu, wie andere miteinander sprechen, statt selbst Gespräche zu führen." (H. Mohl, 1975, S. 144)

Während viele Frauen unter der Vielzahl der an sie gestellten Anforderungen (Beruf, Haushalt, Kinder) leiden, liegt das Problem mancher Männer in der Beschränkung auf einige wenige Bereiche. Die Zeit außerhalb ihrer meist einseitigen beruflichen Beanspruchung wird für die Familie und fürs Fernsehen verwendet, ein Ausgleich in Hobbies kaum gesucht. Wie eine große internationale Untersuchung (E. Scheuch, 1972) ergab, nimmt in allen Ländern mit der Heirat die Beschäftigung mit Massenmedien stark zu, während andere Bereiche wie Weiterbildung, Teilnahme am öffentlichen Leben, Vergnügungen eingeschränkt werden.

Beispiel eines Tagesrapportes

Montag, 13. Juni

bis um	Dauer	Code*	Tätigkeit	Bemerkungen
6.30	390	S	Schlafen	
7.00	30	Hy	Duschen, Anziehen	
7.30	30	E	Frühstücken, Zeitung	
8.10	40	Fa	Fahrt zur Arbeit	Bus Verspätung
12.00	230	B	Berufstätigkeit	
12.40	40	E	Mittagessen in Kantine	
13.00	20	Sp	kurzer Spaziergang	
17.00	240	B	Berufstätigkeit	
17.30	30	Fa	Fahrt nach Hause	
18.00	30	Ha	Rasenmähen	
18.20	20	Fm	Spiel mit Kindern	
18.50	30	E	Abendessen mit Familie	
19.10	20	Ha	Abräumen, Geschirrspülen	
20.00	50	W	Fernkurs bearbeiten	unkonzentriert
22.10	130	Fe	Tagesschau, Fernsehspiel	uninteressant
22.50	40	Fm	Gespräch mit Frau, Schlummertrunk	
23.10	20	Hy	Abendtoilette	
24.00	50	S	Schlafen	

* Erklärung der Abkürzungen vgl. S. 134

Zusammenfassung der Tagesrapporte geführt vom .... bis ....

Tätigkeit	Montag	Dienstag	Mittwoch	Donnerstag	Freitag	Samstag	Sonntag	Wochentotal	Tagesdurchschnitt	Bemerkungen
Schlaf (S)										
Essen (E)										
Hygiene (Hy)										
Berufstätigkeit (B)										
Fahrzeit (Fa)										
Einkaufen (K)										
Sport, Bewegung (Sp)										
Geselligkeit (G)										
Haus- u. Gartenarbeit (Ha)										
Andere Arbeiten (AA)										
Weiterbildung (W)										
Hobby (Ho)										
Gesellsch. pol. Aktivitäten (P)										
Fernsehen (Fe)										
Lesen (L)										
Familie (Fm)										
Anderes (A)										

Zusammenfassung der Zeitrapporte

Tätigkeit	Total Mo–Fr	Durchschnitt Werktage	Total Mo–So	Durchschnitt ganze Woche
Schlaf	1980	396 (6,6 Std)	3020	431 (7,1 Std)
Essen	330	66 (1,1 Std)	510	73 (1,2 Std)
Hygiene, Körperpf.	125	25 (0,5 Std)	210	30 (0,5 Std)
Berufstätigkeit	2700	540 (9,0 Std)	2700	386 (6,4 Std)
Fahrzeit	175	35 (0,6 Std)	175	25 (0,4 Std)
Besorgungen	90	18 (0,3 Std)	210	30 (0,5 Std)
Sport/Bewegung	120	24 (0,4 Std)	280	40 (0,7 Std)
Geselligkeit	180	36 (0,6 Std)	350	50 (0,8 Std)
Haus- u. Gartenarb.	140	28 (0,5 Std)	340	49 (0,8 Std)
Andere Arbeiten	50	10 (0,2 Std)	100	14 (0,2 Std)
Weiterbildung	180	36 (0,6 Std)	300	43 (0,7 Std)
Hobby/Entspannung	100	20 (0,3 Std)	220	31 (0,5 Std)
Gesellsch.pol.Akt.	150	30 (0,5 Std)	200	29 (0,5 Std)
Fernsehen	500	100 (1,6 Std)	840	120 (2,0 Std)
Lesen	225	45 (0,8 Std)	240	34 (0,6 Std)
Familie	125	25 (0,4 Std)	305	44 (0,6 Std)
Anderes	30	6 (0,1 Std)	80	11 (0,2 Std)
	7200	1440 (24 Std)	10080	1440 (24 Std)

Wochenzusammenfassung

Schlaf	3020 Min.	30 %
Beruf inkl. Fahrzeit	2875 Min.	28,5 %
Essen, Hygiene, Besorgungen	930 Min.	9,2 %
Arbeiten in Haus, Garten, Weiterbild., Gesellschaftsp.	940 Min.	9,3 %
„Nutzfreie" Freizeit	2315 Min.	23 %

Bei der Prüfung der Tagesrapporte stellt sich vor allem die Frage: „Was bleibt mir an Eigenem?" Blättern Sie zurück auf S. 79, auf der Sie festgehalten haben, was für Sie wichtig ist, wofür Sie in erster Linie Zeit haben wollen, und vergleichen Sie mit Ihrer Bilanz. Wie groß ist die Übereinstimmung von Wunsch und Wirklichkeit? Welche Tätigkeiten führen Sie aus, weil Sie Ihnen wichtig und notwendig erscheinen, welche nur, weil Sie nicht Nein sagen können, weil es üblich ist oder weil andere es von Ihnen erwarten?

Welche Bereiche kommen nach Ihrer Ansicht zu kurz, welche nehmen zu viel Zeit in Anspruch?

Je nach Fragestellung können die verschiedenen Tätigkeiten weiter zusammengefaßt werden. Im Beispiel (S. 135 unten) wurden neue Kategorien aus den Zeiten für a) Schlaf, b), Berufstätigkeit und damit zusammenhängende Tätigkeiten, c) Essen, Hygiene, Besorgungen, d) Arbeiten in Haus und Garten, Weiterbildung, gesellschaftspolitische Aktivitäten und sonstige Arbeiten gebildet und der „Restzeit“, d.h. der „echten“, „nutzfreien“ Freizeit gegenübergestellt. Auf diese Weise kann festgestellt werden, wieviel Zeit wir wirklich zur freien Verfügung haben und was wir damit tun.

Aufschlußreich kann es auch sein, die Zeit, die nach Berufstätigkeit, Schlafen, Essen und sonstigen notwendigen Tätigkeiten bleibt, in „aktive“ (Weiterbildung, Lesen, Hobbies, Engagement, Sport) und „passive“ (Entspannen, Fernsehen, Zuschauersport) Freizeit zu unterteilen. Wie groß ist der Anteil, den ich selbst gestalte? Wieviele Stunden sind „verplant“ durch Verpflichtungen, Termine, Besuche, wieviele bleiben mir noch für mich selbst, zum Abschalten, Nachdenken, für spontane Unternehmungen?

Alle diese Fragen können den Anstoß zu Änderungen und Umstellungen geben, zum Entschluß, die Schwerpunkte anders zu setzen, bewußter auf seine Zeit zu achten, mehr von den eigenen Prioritäten auszugehen und sich weniger von Äußerlichkeiten bestimmen oder nach Bequemlichkeit treiben zu lassen.

> „Sobald man nach Mitternacht wach wird, soll man sich bekreuzigen und ein Gebet sprechen. Dann überlege man sich, wie man den kommenden Tag am besten ausfüllt. Nach dem Aufstehen in der Frühe folgt der Gang zur Messe. Darauf gibt man ein Almosen. Nach Hause zurückgekehrt, pflegt man seinen Körper und widmet sich anschließend den Geschäften. Alles soll möglichst früh erledigt werden, so daß um Mittag die Arbeit des Tages getan ist. Auf das Essen folgt eine einstündige Mittagsrast. Der Nachmittag sei der Erholung und dem unschuldigen Vergnügen, der Abend der Geselligkeit gewidmet. Die Nacht ist zur Ruhe bestimmt."
>
> Philippe de Navarra, gestorben 1270 (zitiert von R. Wendorff, 1980)

Tagespläne sind keine Erfindung unserer Zeit. Seit die Menschen die Möglichkeit einer genauen, objektiven Zeitmessung hatten, hatten sie auch das Bedürfnis, ihre Tage intensiv zu nutzen und „gegenüber Gott und sich selbst keine Zeit zu verschenken". Gleichzeitig zeigt dieses Zitat eines als vorbildlich angesehenen Tagesablaufes, daß schon im Mittelalter auf eine ausgewogene Verteilung von Arbeit und Freizeit, von geistigen und körperlichen Bedürfnissen Wert gelegt wurde.

Wer braucht einen Stundenplan?

Stellen Sie sich vor, einem Schulkind würde der Unterrichtsstoff einer Woche als Block übergeben: „Bis Samstag mußt du dich mit 100 Rechnungen, 20 Lesebuchseiten, 2 Diktaten, einem Aufsatz, der Geographie der Nordsee, der Sintflut usw. usw. befassen und außerdem noch zwei neue Lieder lernen, Sport treiben und Zeit für Handarbeiten und Zeichnen finden."

Wahrscheinlich würde das Schulkind – von diesem Berg erschreckt – vorziehen, die „Grippe zu nehmen". Aufgeteilt nach Fächern und Stunden verliert das Wochenpensum seinen Schrekken: Das Kind sieht nicht nur, daß alle Fächer untergebracht werden können, sondern daß auch noch freie Zeit bleibt.

Stundenpläne können auch Erwachsenen helfen, sich durch Aufgabenberge hindurchzukämpfen. Ziel dieses Hilfsmittels ist dabei nicht, alle Stunden „zuzupflastern", durch eine systematische Planung noch mehr Verpflichtungen eingehen zu können, sondern sich trotz einer großen Arbeitsbelastung noch Zeiten der Entspannung zu sichern.

Eine solche erhöhte Belastung ist beispielsweise gegeben, wenn wir neben unserer Berufstätigkeit noch eine intensive Weiterbildung betreiben, uns auf eine Abschlußprüfung vorbereiten oder als Studenten noch einem Nebenverdienst nachgehen. Wenn wir dann

- immer häufiger in Terminnöte kommen
- spätabends noch vor dringend zu erledigenden Arbeiten sitzen
- grundsätzlich keine Verabredungen mehr eingehen können, weil wir nie wissen, ob wir sie einhalten können,

sollten wir uns einmal überlegen, welche Vorteile ein Stundenplan bringen kann.

Beispiel eines Stundenplanes (Herr Braun)

<table>
<tr><th></th><th>Montag</th><th>Dienstag</th><th>Mittwoch</th><th>Donnerstag</th><th>Freitag</th><th>Samstag</th><th>Sonntag</th></tr>
<tr><td>6.30</td><td colspan="5">Aufstehen, Frühstücken</td><td rowspan="4">Aufstehen Frühstücken</td><td rowspan="17">Frei für Familie Hobby Entspannung</td></tr>
<tr><td>7 - 8</td><td>Fahrt zur Arbeit</td><td rowspan="2">Tennis Duschen Fahrt</td><td>Fahrt zur Arbeit</td><td rowspan="2">Dauerlauf Duschen Fahrt</td><td>Fahrt zur Arbeit</td></tr>
<tr><td>8 - 9</td><td rowspan="4"></td><td rowspan="4"></td><td rowspan="4"></td></tr>
<tr><td>9 - 10</td><td rowspan="3">Berufstätigkeit</td><td rowspan="3"></td></tr>
<tr><td>10 - 11</td><td rowspan="2">Treffen Lerngruppe</td></tr>
<tr><td>11 - 12</td></tr>
<tr><td>12 - 13</td><td colspan="2">Mittagessen, Spaziergg.</td><td rowspan="2">Mittagessen mit Freunden</td><td colspan="2">Mittagessen, kurzer Spaziergang</td><td>Besorgungen, Essen</td></tr>
<tr><td>13 - 14</td><td rowspan="4"></td><td rowspan="5">Berufstätigkeit</td><td rowspan="5"></td><td rowspan="4"></td><td rowspan="3">Reservezeit Fernkurs Unerledigtes</td></tr>
<tr><td>14 - 15</td><td rowspan="4"></td></tr>
<tr><td>15 - 16</td></tr>
<tr><td>16 - 17</td><td rowspan="7">Frei</td></tr>
<tr><td>17 - 18</td><td>Besorgungen</td><td rowspan="6">Reserve, Erledigungen
Frei für Verabredungen</td></tr>
<tr><td>18 - 19</td><td colspan="4" rowspan="2">Heimweg, Abendessen, Familie</td></tr>
<tr><td>19 - 20</td></tr>
<tr><td>20 - 21</td><td rowspan="2">Fernkurs</td><td rowspan="2">Fernkurs</td><td rowspan="3">Frei Entspannen Fernsehen</td><td rowspan="2">Aufgaben Fernkurs Vorbereitung Lerngruppe</td></tr>
<tr><td>21 - 22</td></tr>
<tr><td>22 - 23</td><td colspan="2">Entspannen</td><td></td></tr>
</table>

Ein Stundenplan ist vor allen Dingen das Ergebnis unserer Überlegung, zu welchen Zeiten wir welche Aufgaben und Tätigkeiten am besten unterbringen. Er dient in erster Linie der *Beruhigung der Nerven*: wir müssen nicht mehr ständig darüber nachdenken, was wir zuerst anpacken müssen und ob wir zu jenem auch noch kommen, sondern können uns konzentriert den jeweils vorgesehenen Tätigkeiten zuwenden.

Ein weiterer Vorteil liegt darin, daß wir von unseren *eigenen Bedürfnissen* ausgehen und einen ausgewogenen Tagesablauf sicherstellen können. Wir setzen für die anspruchsvolleren Aufgaben jene Stunden ein, zu denen wir besonders leistungsfähig sind, wir berücksichtigen unser Schlafbedürfnis ebenso wie Hobby und Sport und halten uns gezielt bestimmte Termine frei (beispielsweise die Stunden, in denen die uns interessierenden Sportreportagen übertragen werden).

Nun können wir auch wieder Verabredungen treffen – weil wir wissen, welche Abende und welche Wochenendzeiten frei sind. Das Beispiel auf S. 139 zeigt den Stundenplan von Herrn Braun. Um trotz voller Berufstätigkeit (variable Arbeitszeit) und Fernkurs noch Zeit für die Familie, zur sportlichen Betätigung, Treffen mit Freunden und zur Entspannung zu finden, hat er sich für diese Zeit erhöhter Belastung einen Stundenplan aufgestellt. Dieser hat sich – nachdem anfänglich noch kleinere Änderungen erforderlich waren – mittlerweile bewährt.

Zeitpolster

Wenn wir uns an den „harten Kanten“ des Stundenplanes nicht ständig stoßen und scheuern wollen, müssen wir für eine gute Polsterung sorgen. Zwischen den verschiedenen Aufgaben, z.B. zwischen Berufstätigkeit und Lernarbeit zuhause benötigen wir ausreichende Pausen zum Abschalten und Entspannen. Die Zeiten müssen so eingesetzt werden, daß wir unterwegs einen Bekannten begrüßen oder ein kurzes Gespräch führen können, ohne gleich auf die Uhr sehen und hinter den Terminen herrennen zu müssen – sonst geht von unserer Planung mehr Streß aus als wir durch sie abbauen können.

Wenn wir vorher während einiger Wochen Tagesrapporte geführt haben (vgl. S. 131), wissen wir, wieviel Zeit wir für alltägliche Verrichtungen, Fahrzeiten, Hausarbeiten etc. benötigen und wieviel uns zur freien Einteilung übrigbleibt. Diese Informationen können wir beim Aufstellen des Stundenplanes verwenden. Gleichzeitig müssen wir uns klar sein, daß ständig Ausnahmen vorkommen: in einer Woche ist der Kollege krank und wir müssen Überstunden leisten, in der nächsten hat die Oma Geburtstag, dann ist ein Zahnarztbesuch fällig – oder auch gleich alles miteinander. Wenn wir von Anfang an ausreichende *Reservezeiten* einplanen, können uns diese Ereignisse nicht aus der Ruhe bringen.

Andere Möglichkeiten

Vielleicht denken Sie jetzt: „Stundenpläne mögen ja in Zeiten erhöhter Beanspruchung für einen ausgewogenen Tagesablauf sorgen. In meinem Fall ist es aber nicht notwendig, mich so detailliert festzulegen. Es gibt eine Reihe von Dingen, die ich in meiner Freizeit gerne tun, einige Ziele, die ich erreichen möchte. Ich will einerseits flexibel bleiben, andererseits nicht immer alles nur vor mir herschieben und gute Vorsätze immer wieder im Sand verlaufen lassen."

Vorsätze werden eher in Tat umgesetzt, wenn wir sie „festnageln" und nicht in der Luft hängen lassen. Den vagen Wunsch beispielsweise, mehr für unsere Gesundheit zu tun und öfter mal Sport zu treiben, halten wir fest: „Dienstag und Freitag nach der Arbeit werde ich eine Stunde Tennisspielen. Kommt etwas dazwischen, hole ich es am Mittwoch oder Samstag nach." Der Entschluß zum Erlernen einer Fremdsprache wird durch Anmeldung zu einem Kurs und Festlegen mehrerer (nicht zu langer) Lernzeiten während der Woche ausgeführt.

Oft genügt es, wenn wir die zur Verfügung stehende Zeit in Arbeitszeit und Freizeit einteilen: z.B. regelmäßig den Dienstag- und Donnerstagabend für die Weiterbildung verwenden, den Mittwoch für Unternehmungen mit den Kindern, den Montag für unser Hobby freihalten. Eine solche Aufteilung ermöglicht es uns

– die verschiedenen Aufgaben unterzubringen
– mit anderen Abmachungen in Einklang zu bringen und
– unsere „Widerstandskräfte“ gegen andere Versuchungen (z.B. das Fernsehprogramm) zu stärken.

Haben Sie auch außerberuflich viele Termine (Ämter, Verabredungen, Vereine)? Wie behalten Sie den Überblick darüber? Am praktischsten sind Terminkalender, die den ganzen Monat auf einem Blatt aufzeigen. Wenn er neben dem Telefon hängt oder liegt, können alle Verpflichtungen und Verabredungen gleich eingetragen werden. (Vergessen Sie nicht, Anfang des Jahres alle Geburtstage aus dem alten Kalender in den neuen zu übertragen.)
Erledigungslisten entlasten unser Gedächtnis von all den täglich anfallenden Kleinigkeiten. Alles was wir nicht gleich erledigen können, notieren wir auf dieser Liste. Dann müssen wir uns erstens nicht jeden Abend über die vergessenen Kleinigkeiten ärgern. Und zweitens ist es immer sehr befriedigend, wenn wir die erledigten Dinge mit einem dicken Strich durchstreichen können.

- Schuhe zum Schuhmacher bringen
- Briefmarken besorgen
- Zahnarzttermin vereinbaren
- Reisekatalog anfordern
- Geburtstag Ute
- Zeitung abbestellen
- Schneiders einladen

Mit Vorteil liegt oder hängt diese Liste natürlich an einem Ort, wo unser Blick auch tagsüber immer wieder drauffällt – sonst dient sie vor allem zum abendlichen „gesammelten Ärgernis“.

Die gleiche Check-list, die auf S. 116 für die beruflichen Arbeiten aufgestellt wurde, läßt sich natürlich auch für den privaten Bereich verwenden. Die 10 Elemente tragen dann zur Planung des ganzen Tages bei.

Selbstbefragung

Bin ich zufrieden mit der Verwendung meiner Freizeit?

○ ja ○ teilweise ○ nein

Ist eine weitergehende Planung notwendig?

○ ja ○ nein

Falls ja
Welche Planungsinstrumente können mir dabei helfen?

○ Stundenplan

○ Terminkalender

○ Erledigungsliste

○ ....

Hinweise zu den Fallbeispielen von Seite 119/120

	Hauptproblem	Ratschläge
Frau Lehmann	Zersplitterung Keine klaren Ziel-setzungen	Klare Trennung von Arbeits-, Lern- und Freizeit Erledigungsliste
Herr Heller	Zersplitterung Keine klaren Ziel-setzungen	Tagesrapporte führen (S. 131) Klarwerden über Ziele Bewußte Auswahl
Herr Braun	Zu wenig Zeit zur Ent-spannung und für Familie	Stundenplan aufstellen s.S. 139
ich selbst		

VI. Der fehlende Rahmen – Wenn der ganze Tag frei eingeteilt werden kann

„Wegzufahren kann ich mir in diesen Semesterferien nicht erlauben“, erklärte Stephanie Schneider. „Ich muß mich auf mein Examen vorbereiten“. Auch alle Einladungen von Freunden, einen Ausflug oder eine Wanderung mitzumachen, schlug sie aus und fühlte sich dabei sehr tapfer und strebsam. Wenigstens brauche ich nun nicht zu hetzen, dachte sie. Sie ließ sich deshalb stets reichlich Zeit beim Aufstehen, beschäftigte sich mit diesem und jenem, bevor sie sich voll guten Willens vor ihre Bücher setzte. Irgendwie schien sie aber nicht recht voranzukommen. Als ihr zwei Wochen vor Beginn des Examens klarwurde, daß sie noch nicht einmal die Hälfte des Stoffes gelernt hatte, erfaßte sie Panik; sie verordnete sich ein tägliches 10-Stunden-Pensum.

Als Herr Schmitz seine Abschlußprüfung hinter sich hatte, schien sich zunächst nicht viel zu ändern. Seine Frau ging weiter ihrer Berufstätigkeit nach, er verfaßte Bewerbungsschreiben, stellte sich bei einigen Firmen vor, kaufte ein und besorgte den kleinen Haushalt, wie er es schon während des Studiums getan hatte. Je mehr Absagen aber eintrafen, desto geringer wurden seine Bemühungen. Er hörte nicht nur auf, sich zu bewerben, sondern schränkte auch seine sonstigen Aktivitäten immer mehr ein. Wenn Frau Schmitz nachhause kam, war die Wohnung unaufgeräumt, Herr Schmitz entweder ausgegangen oder vor dem Fernseher. Bat sie ihn um eine kleine Gefälligkeit, reagierte er gereizt oder gar nicht. Zu Verabredungen erschien er immer öfter zu spät.

Herr Schulz hatte in seiner Firma eine verantwortungsvolle Stellung. Regelmäßige Arbeitszeiten waren dabei nicht einzuhalten. Zu häufigen Überstunden kamen auch viele längere Geschäftsreisen sowie abendliche Geschäftsessen mit wichtigen Kunden. An freien Abenden entspannte er sich beim Fernsehen oder einem guten Buch, an den Wochenenden wurde meist mit den heranwachsenden Kindern etwas unternommen.

Seit einigen Jahren ist Herr Schulz pensioniert. Anfänglich wartete er immer auf den Anruf aus der Firma, in dem er um Rat und Hilfe gebeten wurde. Ganz entgegen seinen Erwartungen vollzog sich aber die Nachfolge reibungslos. Die Kinder von Herrn Schulz sind erwachsen, verheiratet, weggezogen. Er liest immer noch sehr viel, verbringt viele Stunden vor dem Fernsehapparat, ist dabei aber unzufrieden und gereizt. Die früher so harmonische Beziehung zu seiner Frau ist zunehmenden Spannungen ausgesetzt.

Wo liegen Ihrer Meinung nach die Hauptprobleme von Fräulein Schneider, Herr Schmitz und Herr Schulz? Welche Ratschläge könnten ihre Situation verbessern?

	Hauptproblem	Ratschläge
Fräulein Schneider		
Herr Schmitz		
Herr Schulz		
ich selbst		

Vergleichen Sie Ihre Antworten mit den Hinweisen auf S. 165

Die Trennung zwischen Arbeitszeit und Freizeit

Die meisten Menschen, die berufstätig sind, eine Lehre oder eine Schule besuchen, denken voll Sehnsucht daran, wie gut es jene haben, die den ganzen Tag frei einteilen können, deren Tagesablauf nicht von einer starren Arbeitszeit, einem von außen vorgegebenen Stundenplan bestimmt wird. Sie stellen sich vor, wie schön es wäre, wenn man seine Arbeit nach seinem eigenen Rhythmus einteilen könnte oder mehr Zeit für seine Hobbies und Interessen hätte.

Als Paradebeispiel dient ihnen dabei der Künstler, der seinen Inspirationen nachgibt, wenn sie ihn überkommen, und dessen Tage frei von allem Zwang und Gewohnheiten verlaufen.

Prüft man die Biographien großer Persönlichkeiten auf ihren Arbeitsstil hin, findet man dagegen erstaunlich viele Abweichungen von diesem Traumbild. Statt in den Tag hineinzuleben und zu arbeiten, wenn sie gerade Lust haben, halten (bzw. hielten) sich die meisten mit großer Disziplin an eine bestimmte Zeiteinteilung (vgl. Zitate S. 147/8).

Zweifellos bietet es große Vorteile, wenn wir unseren Tag selbst gestalten können. Wir müssen uns nicht einem äußeren Rahmen anpassen, sondern können von unseren eigenen Bedürfnissen ausgehen. Wir können morgens früh beginnen, wenn wir zu den „Lerchen" gehören, oder länger schlafen, wenn wir eher „Eulen" sind.

> „Einen Schlüssel zum Verständnis von Goethes Vielgeschäftigkeit gibt seine Konzeption des menschlichen Daseins als ein dauerndes Ringen um das Nutzen des Augenblicks. „Die Zeit ist unendlich lang und jeder Tag ein Gefäß, in das sich sehr viel eingießen läßt, wenn man es wirklich ausfüllen will", heißt es in Dichtung und Wahrheit. Wie Goethe selbst durch Aufmerksamkeit auf jede Stunde Raum für seine zahlreichen Vorhaben zu gewinnen suchte, offenbaren seine mehr als fünfzig Jahre hindurch und seit 1806 mit absoluter Regelmäßigkeit geführten Tagebücher."
>
> „Johann Wolfgang von Goethe; in Selbstzeugnissen und Bilddokumenten, dargestellt von Peter Boerner, 1964, Reinbek, S. 118

Thomas Mann

„Sein Tagesablauf war sehr diszipliniert, einfach, und verlief immer gleich. Von neun bis zwölf ungefähr schrieb er, dann machte er einen Spaziergang, aß zu Mittag, las nachmittags Zeitung, rauchte noch eine Zigarre, ruhte dann. Nach dem Tee ging er nochmals spazieren, las und machte die Vorarbeiten, die Lektüre für seine eigene Produktion und erledigte, was er die „Forderungen des Tages" nannte."

Katia Mann „Meine ungeschriebenen Memoiren", S. 87, 1974, Tübingen

Sigmund Freud

„Die Routine in der Berggasse 19 wurde nur selten unterbrochen. Freud stand um sieben Uhr auf, und ein Friseur nahm sich seiner an, der ihm Bart und Haare schnitt. Er frühstückte und war um acht Uhr bereit für die erste der 55 Minuten dauernden Konsultationen, die mit einer Unterbrechung von jeweils fünf Minuten bis zum Mittagessen um ein Uhr dauerten. Darauf folgte eine Pause, in der er einen raschen Spaziergang machte und sich oft mit Zigarren versorgte, von denen er immer noch regelmäßig seine 20 Stück täglich rauchte. Die Arbeit begann wieder um drei und dauerte bis neun Uhr abend oder länger. Auf das Abendessen folgte ein flotter Spaziergang, und dann zog er sich in sein Arbeitszimmer zurück, um zu schreiben oder Briefe zu beantworten. Den Tag in einsamer Stille zu beenden, war wichtig für ihn."

Ronald W. Clark „Sigmund Freud", 1981 (S. 323)

Wir können die anspruchsvollen Arbeiten zu den Stunden erledigen, in denen wir am leistungsfähigsten sind, und andere Arbeiten auf den frühen Abend verschieben, wenn wir einige Nachmittagsstunden für ein Mittagsschläfchen, für Sport oder Freizeit nutzen wollen.
Dies alles sind Verlockungen, von denen die meisten Arbeitnehmer nur träumen können. Wenn sich uns aber eine solche Gele-

genheit bietet, machen wir oft die Erfahrung, daß es gar nicht so einfach ist, davon zu profitieren. Wir sind seit der frühesten Kindheit an die äußeren Zeitgeber gewöhnt – und fühlen uns dabei wie Marionetten, die immer nach dem Willen anderer tanzen müssen. Werden aber die Fäden durchgeschnitten, bleibt nur ein bewegungsloses Häufchen zurück.

Wir wollen unsere Tage frei gestalten – und verzichten auf jegliche Planung. Dagegen wäre eigentlich nichts zu sagen, wenn das Resultat wirklich unseren eigenen Wünschen und Bedürfnissen entsprechen würde. Betrachten wir aber rückblickend die „frei gestalteten“ Tage, entsteht meist eine große Unzufriedenheit: Die Arbeiten haben wesentlich mehr Zeit als erwartet in Anspruch genommen, wir haben viel getrödelt, Unwichtiges in die Länge gezogen – und unsere Freizeit konnten wir auch nicht richtig genießen, weil das schlechte Gewissen über die vertane Zeit und die unerledigte Arbeit uns belastete.

Wenn wir uns dagegen von der Vorstellung trennen, daß „Freiheit“ gleich Planlosigkeit ist, können wir dazu übergehen, unsere Tage auch wirklich zu „gestalten“.

Wichtig ist in erster Linie eine klare Trennung von Arbeits- und Freizeit – sonst wird die Arbeit endlos zerdehnt, weil wir ja nicht eigentlich „müssen“. Wenn wir – ausgehend von unseren Zielen und unserem Rhythmus – festlegen, zu welchen Stunden wir arbeiten wollen, sollten wir uns auch daran halten – sonst ergibt sich anstelle der eigenen „Gestalt“ nur ein Zerrbild.

Wo liegen die Probleme?

Können Sie Ihren Tag frei einteilen? Haben Sie Schwierigkeiten, alle Ihre Vorsätze durchzuführen? Gelingt es Ihnen, Arbeits- und Freizeit klar zu trennen, um einerseits konzentriert arbeiten und andererseits die Freizeit genießen zu können? Oder leiden Sie unter dem Gefühl, ständig hinter Ihrer Arbeit herzulaufen und nie zu schaffen, was Sie sich vorgenommen haben?

Vielleicht hilft Ihnen dann das Führen von *Tagesrapporten*, sich über Ihre Probleme klar zu werden. Wie diese Protokolle geführt werden, wurde schon auf S. 131 beschrieben. Zur besseren Analyse können wir noch eine zusätzliche Kolonne einführen: Die Intensität (s. Beispiel). Wir notieren dann nicht nur, was wir getan haben, sondern stellen eine Beziehung zwischen dem Ergebnis und der dafür benötigten Zeit her. Bewährt hat sich dafür eine Skala von 0–4 (M. Günther, R. Heinze, F. Schott, 1977):

0 bedeutet: Die für die Aufgabe vorgesehene Zeit ist nutzlos verstrichen.
1 bedeutet: Die Arbeitsintensität war sehr gering. Bei konzentrierter Arbeit hätte man das Ergebnis in ¼ der benötigten Zeit erreichen können.
2 bedeutet: Bei konzentrierter Arbeit hätte das Ergebnis in der halben Zeit erreicht werden können.
3 bedeutet: Die Arbeitsintensität war recht groß. Bei völlig konzentrierter Arbeit hätte das Ergebnis in ¾ der Zeit erreicht werden können.
4 bedeutet: Die Arbeitsweise war so konzentriert, daß in der gegebenen Zeit nicht mehr hätte erreicht werden können.

Beispiel

bis um	Zeit	Intensität	Tätigkeit
8.00	550		Schlafen
9.00	60		Frühstücken, Morgentoilette
9.45	45		Zeitung lesen, Aufräumen, Fische füttern
10.30	45	1	Studium Fachzeitschriften
11.30	60	4	Ideen notieren, Gliederung erstellen
11.45	15		Kaffee-Pause
12.45	60	3	Weiterarbeit an Gliederung
etc.			

Am Ende der Woche können Sie auf diese Weise feststellen:

- Wieviel habe ich gearbeitet
  - pro Tag?
  - in der ganzen Woche?
- Wie groß war meine Arbeitsintensität
  - an den einzelnen Tagen?
  - zu verschiedenen Zeiten (morgens/nachmittags)?
  - bei verschiedenen Tätigkeiten (gibt es Tätigkeiten, denen ich besonders oft und lange ausweiche?)
  - innerhalb der einzelnen Arbeitsetappen (dauert es immer fast eine Stunde, bis ich intensiv zu arbeiten beginne?)

Diese Fragen helfen Ihnen, sich klarzuwerden, wo Ihre Probleme liegen, und diese gezielt anzugehen. In den folgenden Wochen genügt es dann schon, lediglich die zur Arbeit verwendeten Stunden mit der jeweiligen Intensität anzugeben, um die Fortschritte zu kontrollieren.

Bis der Stein ins Rollen kommt

Liegen Ihre Probleme beim „Anfangen"? Hat Ihre Analyse ergeben, daß regelmäßig zuviel Zeit verstreicht, bis Sie endlich intensiv arbeiten? Bei allen größeren und anspruchsvolleren Arbeiten müssen erst einmal die Anfangs- und Anlaufschwierigkeiten überwunden werden. Haben wir eine von außen vorgegebene Arbeitszeit, können wir uns durch verschiedene Nebenarbeiten zwar noch eine Weile herumdrücken. Die Tatsache, daß wir an unserem Arbeitsplatz sitzen und die Arbeitszeit läuft, übt aber einen starken Druck aus.

Ganz anders ist die Situation, wenn wir unseren Tag völlig frei einteilen können. Fräulein Schneider, die sich in den Semesterferien auf die Prüfung vorbereitet, hat sehr viel mehr Möglichkeiten, dem unangenehmen Anfang auszuweichen: Sie schläft erst einmal länger (ein ausgeruhter Kopf ist wichtig beim Lernen), frühstückt ausgiebig, studiert die Zeitung (man muß wissen, was in der Welt läuft), sie blättert in ihren Büchern, prüft die eingehende Post – und bricht schließlich nach einer Stunde die „Arbeit" ab, weil sie nicht in der richtigen „Stimmung" ist und die Ferien ja noch lang sind . . .

Um den „Anfangswiderstand" zu überwinden, braucht sie (und alle anderen, die den Tag frei einteilen können) „Bundesgenossen":

- *Einen (selbstgesetzten) äußeren Rahmen:* Sie setzt die Zeiten fest, die sie für das Lernen verwenden will, und bemüht sich, diese einzuhalten.
- *Ein überschaubares Pensum:* Sie teilt den gesamten zu lernenden Stoff (bzw. die zu erledigende Arbeit) in Teilbereiche auf und ordnet sie den einzelnen Lernzeiten/Tagen/Wochen zu.

Anstelle eines großen Berges hat sie nun einen zu bewältigenden „Brocken“ vor sich.

– *Überschaubare Zeiten:* Die Aussicht, 10 Stunden arbeiten zu müssen, läßt uns den „Schongang“ einlegen, um überhaupt durchhalten zu können. Am intensivsten können wir uns einsetzen, wenn wir wissen, daß das Tagespensum nicht nur nicht zu lange ist, sondern auch genügend Erholungspausen eingeschaltet werden.

– *Eine Aufwärmphase zu Beginn:* Um ihre Arbeitsstimmung „herbeizulocken“, beginnt sie mit einer leichteren Arbeit: Sie prüft z.B. die Notizen vom Vortag, formuliert Fragen zum Tagespensum. Bei größeren schriftlichen Arbeiten ist es einfacher, erst einmal alle Gedanken und Einfälle in Stichworten zu notieren, als zu versuchen „druckreif“ oder auch nur in der richtigen Gliederung zu schreiben. Selbst wenn diese ersten Skizzen später nicht mehr gebraucht werden können, helfen sie beim Einstieg: Wir beschäftigen uns mit dem Thema, kreisen ein, grenzen ab. Daß wir während dieser Phase noch nicht mit höchster Intensität arbeiten, braucht uns nicht zu stören. Wichtig ist, daß wir sie dazu nutzen, in die Arbeit hineinzufinden.

– *Belohnungen für ihren Einsatz:* Wer wochen- oder monatelang einsam in seiner Klause arbeitet, hat oft mit Motivationsproblemen zu kämpfen. Das Aufteilen des Pensums, das Setzen von Zwischenzielen für jeden Tag ermöglicht es uns, unsere Fortschritte zu kontrollieren. Es ist weitaus befriedigender, nach einigen Stunden die geplante Teilarbeit als erledigt abhaken zu können, als einfach nur ein unbedeutendes Stückchen des „Gesamtberges“ abgetragen zu haben. Weitere Belohnungen kann man sich selbst in Aussicht stellen: Wenn ich dieses Kapitel geschafft habe, höre ich die Schallplatte, setze ich mich eine Viertelstunde auf den Balkon, trinke ich eine Tasse Kaffee . . .

– *Leidenskollegen:* Der Kontakt mit Arbeitskollegen hilft uns oft über Ärger und Frustrationen hinweg. Beim einsam zuhause Arbeitenden entfällt dieses Ventil. Nichts hindert uns aber daran, nach Kollegen zu suchen und uns regelmäßig mit andern zu treffen, die in der gleichen Situation sind (sich z.B. auf die gleiche Prüfung vorbereiten). Gleichzeitig helfen uns solche

Treffen, unsere Arbeit zu strukturieren, Zwischenziele zu setzen.

Natürlich sind wir uns darüber im klaren, daß kein Mensch den ganzen Tag mit höchster Intensität arbeiten kann. Die Erkenntnisse über die Tagesrhythmen (vgl. S. 49) zeigen, daß die Leistungsbereitschaft deutlichen Schwankungen unterworfen ist. Das Beobachten unserer Intensität während einiger Wochen hilft uns aber bei der Tageseinteilung: wir planen die Konzentration erfordernden Arbeiten während der Stunden, in denen unsere Leistungsbereitschaft am größten ist, wir schalten rechtzeitig Pausen ein oder wechseln die Tätigkeit, wenn sich Ermüdungserscheinungen bemerkbar machen.

Realistisch planen: Erfolgreich kann unsere Planung nur sein, wenn sie realistisch ist. Nichts entmutigt schneller als die Erfahrung, daß die selbstgesetzten Ziele nicht erreicht werden können. Wenn die Distanz zwischen Planung und Wirklichkeit immer größer wird, kommen wir leicht zum Schluß, daß jegliche Planung sinnlos ist.

Nicht immer ist es einfach abzuschätzen, wie weit wir in der vorgesehenen Zeit kommen können. Einige Anhaltspunkte darüber, wieviel Zeit Routinearbeiten in Anspruch nehmen und wieviele Stunden frei verfügbar sind, liefern die Tages- und Wochenrapporte. Alle Pläne werden auch erst einmal erprobt und auf Grund der Erfahrungen mehrmals revidiert. Wichtig ist in jedem Fall, daß Reservezeiten eingeplant werden; sie dienen dazu, Rückstände aufzuarbeiten, die durch Fehleinschätzungen oder auch durch unvorhergesehene Ereignisse entstehen können. Haben wir aber unser „Soll" erfüllt, stellen die zusätzlichen freien Stunden unsere Belohnung dar.

Einen wesentlichen Beitrag zur bewußten und realistischen Planung liefern regelmäßige *Rückblicke*. Am Abend und am Ende der Woche fragen wir uns, ob wir mit unserer Zeiteinteilung zufrieden waren, welche Ziele wir erreicht haben und welche Probleme aufgetaucht sind. Dies gibt uns nicht nur die Informationen zur Neuorientierung, sondern auch das notwendige Erfolgserlebnis und damit den Schwung zum Weitermachen.

Arbeit hat die Tendenz sich auszudehnen . . .

Als Frau Roth noch halbtags berufstätig war, hatte sie sich einmal während einiger Wochen aufgeschrieben, wieviel Zeit sie für ihren 4-Personen-Haushalt benötigte. Sie kam auf durchschnittlich 4 Stunden pro Tag, Wochenende inbegriffen, für alle Hausarbeiten (Putzen, Aufräumen, Kochen, Einkaufen, Waschen, Bügeln, usw.). Ihre Berufstätigkeit gab sie mit gemischten Gefühlen auf. Einerseits freute sie sich darauf, endlich einmal Zeit zum Lesen, für Hobbies und Spaziergänge zu haben, andererseits fürchtete sie sich vor Leere und Langeweile.

Erstaunlicherweise blieb ihr aber kaum mehr freie Zeit als vorher. Sie verteilte die anstehenden Hausarbeiten auf die einzelnen Wochentage – und stellte fest, daß jeder Tag dadurch „gefüllt" war. Während sie beispielsweise vorher ingesamt 10 Stunden pro Woche geputzt und aufgeräumt hatte, war sie jetzt zwei ganze Tage mit Putzen beschäftigt und verwandte täglich eine Stunde auf das Aufräumen der Küche und der Wohnung.

Ähnlich geht es zahlreichen Müttern, wenn das jüngste Kind in den Kindergarten kommt. Obwohl viele zeitraubende Tätigkeiten, vom Wickeln und Anziehen bis zum Füttern und Vorlesen mit dem Größerwerden der Kinder nach und nach wegfallen, scheint nicht mehr Zeit übrigzubleiben. Zwar empfinden die Mütter dankbar, daß die Hetze, das Gefühl, ständig im Hintertreffen zu sein, verschwunden ist, und sie länger bei ihrem Frühstückskaffee und der Morgenzeitung sitzenbleiben und auch zwischendurch öfter eine Pause machen und ein Schwätzchen mit einer Nachbarin einschalten können. Gleichzeitig sind sie aber zutiefst unzufrieden mit sich und ihrem Tagesablauf.

Genau wie bei der im vorangehenden Abschnitt beschriebenen Studentin führt die Zersplitterung und Zerdehnung der Arbeitszeit bei Frau Roth dazu, daß sie auch die Freizeit nicht mehr richtig genießen kann. Wenn sie die für einen Tag geplante Arbeit in fünf Stunden erledigen und sich anschließend mit einem Buch hinsetzen oder spazierengehen würde, hätte sie ein schlechtes Gewissen und das Gefühl, ihr „Leistungssoll" nicht zu erfüllen. Wenn sie aber die gleiche Arbeit auf 8 Stunden ausdehnt, fühlt sie sich fleißig und produktiv. Diese Einstellung ist die Erklärung dafür, warum die meisten Hausfrauen weniger lesen und sich seltener einen Theater- oder Kinoabend gönnen als Berufstätige.

Während Berufstätige, die in den Ruhestand treten, ihr Leben von einem Tag zum andern umstellen und ihre Zeit neu strukturieren müssen (vgl. S. 158), geht der Abbau der Arbeitsbelastung der Hausfrau und Mutter langsam vor sich. Sie hat dadurch die Möglichkeit, sich nach und nach daran zu gewöhnen und neu zu orientieren. Dies stellt gleichzeitig eine Gefahr dar: Die Hausfrau kann auf den Wegfall jeder Arbeit mit einem „Ausbau“ der verbleibenden reagieren, bis die Pflege des Haushaltes den ganzen Tag und die ganze Woche in Anspruch nimmt.

Viele Mütter haben sich angewöhnt, ihren Tagesablauf völlig von den Bedürfnissen ihrer Familie bestimmen zu lassen. Es erfordert eine bewußte Umstellung, wieder eigene Ziele festzulegen, neue Schwerpunkte zu setzen und die entstehenden Freiräume gemäß den eigenen Bedürfnissen zu füllen. Möglichkeiten dazu gibt es viele, von der gezielten Weiterbildung durch den Besuch von Kursen oder Bücherausleihe über regelmäßige Treffen mit anderen Interessierten, Teilzeitarbeit bis zu Mitarbeit in Vereinen oder Organisationen.

Was für Rentner und Arbeitslose gilt, gilt auch für Hausfrauen: Am besten gelingt der Übergang, wenn man die eigenen Bedürfnisse nie völlig verkümmern läßt, sondern sich ihrer auch in Zeiten großer Belastung bewußt bleibt und nach Möglichkeit sucht, sie zu befriedigen (vgl. auch S. 130/1).

In dieser Hinsicht haben allerdings die Frauen gemäß der traditionellen Rollenverteilung einen Vorteil vor ihren Ehemännern: Während die meisten Berufe sehr einseitig fordern und immer die gleichen Fähigkeiten verlangt werden, regt der Umgang mit Kindern in vielen Richtungen an. Wenn wir mit ihnen malen, basteln, singen, erzählen, musizieren oder wandern, können wir unsere eigenen Interessen entdecken und pflegen – die bei den Berufstätigen oft verkümmern. Diskussionen mit Heranwachsenden, die Konfrontation mit Mißständen in der Schule oder der Gemeinde fordern zum Engagement in Mitwirkungsorganen und Bürgerinitiativen auf. Wichtig ist, daß wir diese Interessen auch dann weiter pflegen, wenn die Kinder selbständiger werden, und nicht in der Gestaltung des Tages von den Kindern abhängig bleiben.

Leben ohne Arbeit

> 4. November: An diesem Morgen setze ich einen Plan auf, wann ich zu arbeiten habe oder mit dem Gewehr auf Streife gehen soll, wann ich schlafen werde und wann Zeit zur Erholung ist. Jeden Morgen werde ich, wenn es das Wetter zuläßt, zwei oder drei Stunden hinausziehen. Danach ist Arbeitszeit etwa bis 11 Uhr und anschließend habe ich mich um das Mittagessen zu kümmern. Von 12 bis 14 Uhr wird geschlafen, denn es ist außerordentlich heiß. Danach wieder Arbeitszeit bis zum Abend."
>
> „Robinson Crusoe" von Daniel Defoe, 1719, S. 55

Sicher haben Sie im Jugendalter auch die Geschichte von Robinson verschlungen. 28 Jahre lebte er auf einer einsamen Insel – und bemühte sich um eine Zeiteinteilung. Er führte einen Kalender und wußte nicht nur immer das Datum und wie lange er schon auf der Insel weilte, sondern auch welcher Wochentag war – nur deshalb konnte er den von ihm befreiten Eingeborenen „Freitag" nennen.

Die Geschichte von Robinson ist erfunden. Nicht erfunden ist dagegen das Tagebuch Albert Speers, des Architekten und Rüstungsministers Hitlers. Zu einer 20jährigen Haftstrafe verurteilt, setzte er sich Ziele, strukturierte seine Tage, führte Buch über seine Aktivitäten und Fortschritte, unterschied Arbeits- und Freizeit und machte zweimal jährlich „Ferien" – alles um in der Eintönigkeit von 20 Gefängnisjahren nicht völlig zu resignieren, sondern intellektuell, physisch und psychisch zu überleben.

Vielleicht haben Sie auch schon davon geträumt, statt nur zwei oder drei Wochen im Urlaub einige Monate oder ein ganzes Jahr in einer Fischerhütte am Strand oder einem einfachen Haus in den Bergen zu verbringen? Endlich hätte man Zeit zum Nachdenken, um anspruchsvolle Bücher zu lesen, einem Hobby nachzugehen, die Natur intensiv zu erleben! Ich habe diesen Wunschtraum einmal einer sehr intelligenten, aktiven und vielseitig interessierten Frau gegenüber ausgesprochen, die mir antwortete: „Wir haben das einmal versucht – und es ist uns völlig mißlungen. Wir wurden immer passiver, hatten bald zu gar nichts mehr Lust und verrichteten nur noch die notwendigsten Tätigkeiten. Schließlich haben wir das Experiment abgebrochen . . ."

Vielen Rentnern ergeht es ähnlich – nur daß sie den unbefriedigenden Zustand nicht so einfach rückgängig machen können. Erinnern wir uns an Herrn Schulz: Wie die meisten Pensionäre freute er sich zunächst auf den Ruhestand: Endlich aufstehen können, wann er will, endlich einmal Zeit haben zum Bummeln, zum Lesen, endlich ohne Streß und Hetze leben. Aber nach einigen Wochen bedeutet ihm das Ausschlafen nichts mehr. Die Briefmarkensammlung ist geordnet, in der Tageszeitung steht gar nicht so viel Interessantes wie er früher vermutete, immer nur Spazierengehen macht keinen Spaß – und die Tage dehnen sich lang und leer.

Während Rentner wenigstens von der Umwelt bestätigt bekommen, daß sie „ihren Ruhestand nach einem arbeitsreichen Leben wohlverdient haben", werden Arbeitslose noch durch Selbstzweifel gelähmt. Die bereits in den 30er Jahren durchgeführte Untersuchung über die „Arbeitslosen von Marienthal" zeigt, daß es nur wenigen gelingt, die aufgezwungene Freizeit sinnvoll zu nutzen:

„In Marienthal verloren die erwerbslosen Männer ihr Zeitgefühl. Obwohl ihr Zeitbudget unbegrenzt war – sie füllten zum Beispiel die Zeit zwischen dem Aufstehen und dem Mittagessen mit einer Tätigkeit, die normalerweise nicht mehr als 10 Minuten gedauert hätte – beklagten sich die Frauen darüber, daß ihre Männer unpünktlich zu den Mahlzeiten erschienen." (M. Jahoda, 1983, S. 46).

„Obwohl man zum Beispiel in der örtlichen Bücherei die Leihgebühr abgeschafft hatte, ging die Zahl der Leser mit der Dauer der Erwerbslosigkeit zurück; selbst die wenigen, die weiterhin in die Bücherei kamen, liehen weniger Bücher aus als zuvor. Die Abonnements auf Tageszeitungen, die den Erwerbslosen zu einem stark reduzierten Preis angeboten wurden, gingen um 60 Prozent zurück; politische Organisationen und Vereine verloren ein bis zwei Drittel ihrer Mitglieder." (a.a.O., S. 49)

Die heutigen Arbeitslosen sind keiner vergleichbaren materiellen Not ausgesetzt wie die Arbeitslosen von Marienthal. Untersuchungen zeigen aber, daß die Reaktionen ähnlich sind: Rückzug, Passivität, Verlust des Zeitgefühls.

Wichtig zum Verständnis dieses Verhaltens ist die Erkenntnis, daß es nicht dasselbe ist, ob wir unsere Freizeit oder den ganzen Tag frei gestalten. Was wir in unserer Freizeit gerne tun, ist immer auch bestimmt von der Art und den Anforderungen unserer Arbeit. In unseren Mußestunden erholen wir uns von der Arbeit, suchen eine Ergänzung oder einen Ausgleich dazu. Fällt dagegen die Arbeit weg, liegen die Gewichte völlig anders. Vor allen Dingen gilt es zu sehen, daß die Arbeit außer den finanziellen noch andere wichtige Bedürfnisse erfüllt: Sie gibt unseren Tagen eine „Struktur", verschafft uns Kontakt mit Menschen außerhalb der Familie, vermittelt uns Anerkennung und die Befriedigung, einen sinnvollen Beitrag für die Gemeinschaft zu leisten. Stehen wir nicht – oder nicht mehr – im Erwerbsleben, bleiben diese Bedürfnisse unbefriedigt. Auf Dauer können wir die Erwerbslosigkeit – sei es als Hausfrau, sei es als Arbeitsloser oder als Rentner – nur ertragen, wenn wir diese Bedürfnisse nicht einfach unterdrücken, sondern sie erkennen und auf andere Weise zu befriedigen versuchen.

Auch die Zeit der Arbeitslosigkeit oder das Rentenalter ist ein Teil unseres Lebens. Wenn wir sie nur im Warten auf eine bessere Zukunft oder im Schwelgen in der Vergangenheit verbringen, ist sie für uns verloren.

Damit soll nicht versucht werden, das Problem der Arbeitslosigkeit wegzudiskutieren oder zu verniedlichen. Als schwere Belastung erweisen sich für die Arbeitslosen vor allem das Gefühl der Nutzlosigkeit und Selbstzweifel, die auch bestehen, wenn Außenstehenden völlig klar ist, daß die Entlassung rein wirtschaftliche Gründe hatte, und die Schwierigkeit, eine neue Arbeit zu finden, ihre Ursache im Arbeitsmarkt und nicht in den Fähigkeiten des Betroffenen hat. Scham und Selbstzweifel führen auch dazu, daß viele ihre Arbeitslosigkeit vor Nachbarn und Freunden verheimlichen – und sich dadurch in ihrer Beweglichkeit einengen. Ein wichtiger Schritt aus der Resignation ist deshalb eine nüchterne Beurteilung der Lage und ein offenes Eingestehen der Probleme.

Dadurch wird es auch möglich, auf andere, die in der gleichen Lage sind, zuzugehen, beispielsweise durch Beitritt zu oder Gründung einer Selbsthilfeorganisation für Arbeitslose.

Ziel dieser Ausführungen kann es nicht sein, die Probleme der Arbeitslosen zu lösen. Sie sollen vielmehr den Betroffenen helfen, ihre Tage so zu gestalten, daß zu den sonstigen Schwierigkeiten nicht noch der Verlust der Eigeninitiative und der Selbstachtung kommt.

Dies bedeutet, nach Möglichkeiten zu suchen, die von der Arbeit erfüllten Bedürfnisse auch ohne Berufstätigkeit zu befriedigen.

Marksteine setzen

„Es wäre besser gewesen, du wärst zur selben Stunde wiedergekommen", sagte der Fuchs. „Wenn du zum Beispiel um vier Uhr nachmittags kommst, kann ich um drei Uhr anfangen, glücklich zu sein. Je mehr die Zeit vergeht, um so glücklicher werde ich mich fühlen. Um vier Uhr werde ich mich schon aufregen und beunruhigen; ich werde erfahren, wie teuer das Glück ist. Wenn du aber irgendwann kommst, kann ich nie wissen, wann mein Herz da sein soll . . . Es muß feste Bräuche geben."

Was heißt „fester Brauch"? sagte der kleine Prinz.

„Auch etwas in Vergessenheit Geratenes", sagte der Fuchs.

„Es ist das, was einen Tag vom andern unterscheidet, eine Stunde von den andern Stunden."

(S. 68)

„Der kleine Prinz" Antoine de Saint-Exupéry 1946

Eine Woche oder auch nur ein Tag, in der wir nichts vor- und nichts zu tun haben, dehnt sich fast endlos vor uns – eine Woche, in der wir nichts getan haben, verschwindet in unserem Gedächtnis zu nichts. So empfinden wohl Wanderer in einer Steinwüste, in der sie sich nicht orientieren können, weil kein Hügel, kein Baum und kein Haus den Weg unterteilen. Sie fühlen sich nicht nur verloren, sondern vor allem auch frustriert, weil sie nicht erkennen können, ob sie überhaupt weitergekommen sind.

Eine geregelte Berufstätigkeit strukturiert unsere Tage, bestimmt nicht nur die Arbeitszeit, sondern auch die Zeiten des Aufstehens, der Mahlzeiten, der Entspannung.

Wenn Arbeitslose oder Rentner diesen wegfallenden Rahmen nicht durch einen eigenen ersetzen, versinken sie bald in die „Zeitlosigkeit“: jede Stunde, jeder Tag ist austauschbar, verläuft wie der vorangehende und der kommende. Es ist gleichgültig, wann sie etwas tun und wie lange es dauert.

Menschen, die auch als Rentner noch mit ihrem Leben zufrieden sind, haben meist ein ziemlich festes Programm. Sie haben ihre Vorsätze und Pläne für die verschiedenen Wochentage, Monate und Jahreszeiten (vgl. M. Borchert, K. Derichs-Kunstmann, H. Hamann, 1980).

Natürlich ist es nicht einfach, eine eigene Struktur in seine Tage zu bringen. Je mehr wir während unserer Berufstätigkeit eingespannt waren, je vollständiger unsere Tage von unserer Arbeit bestimmt waren, desto schwerer fällt uns die Umstellung bei deren Wegfall. Das Erkennen der eigenen Bedürfnisse, das Setzen eigener Ziele (vgl. S. 77) ist deshalb nicht nur zur Erhaltung unseres seelischen Gleichgewichts während der Berufstätigkeit, sondern auch als Vorbereitung auf ein Leben ohne Arbeit von großer Bedeutung.

Lassen sich Ratschläge für eine eigene Zeitstruktur überhaupt geben? „Eigen“ ist sie ja nur, wenn wir sie auch selbst erstellt haben. Wichtig ist aber weder die „Lage“, noch die Zahl, noch die Art der „Marksteine“ – wichtig ist lediglich, daß wir sie nach unseren persönlichen Interessen und Gegebenheiten setzen. Es geht ja nicht darum, uns in einen neuen, selbstgeschaffenen Zeitdruck zu begeben und alle unsere Stunden vollzustopfen, sondern die Tage zu gliedern und deutlich voneinander zu unterscheiden. Wenn wir festlegen, welchen Arbeiten, Ämtern, Hobbies und Besuchen wir uns an welchem Wochentag zuwenden, können wir uns darauf vorbereiten, einstellen und auch darauf freuen.

Die Familie allein genügt meist nicht

Der Berufstätige trifft im Laufe seines Arbeitstages in aller Regel eine Vielzahl anderer Menschen. Auch wenn er manche nicht mag, viele nur kurz grüßt und bei andern auch nach Jahren noch nicht über die Erörterung der Wetterlage hinauskommt – daß er diese Begegnungen braucht, merkt er spätestens dann, wenn er zuhause bleibt. Die Beziehung zu den Familienangehörigen hat eine andere Qualität, spricht eine andere Seite in uns an und ist deshalb kein Ersatz für diese Kontakte.

Es gibt aber zahlreiche Möglichkeiten, alte Freundschaften zu pflegen oder wieder zu beleben und neue Menschen kennenzulernen.

Einige Beispiele:

- Besuch von Kursen, z.B. Sprach-, Hobby-, Sport- oder Diskussionskursen
- Mitwirkung in einer Theatergruppe
- Beitritt und aktive Mitarbeit in Clubs, Vereinen, politischen oder kirchlichen Gruppen
- Beteiligung an Ausflugsfahrten, Besichtigungen, Führungen
- Mitarbeit in Selbsthilfeorganisationen für Rentner oder Arbeitslose.

Anerkennung muß nicht aus Geld bestehen

Die Berufsarbeit vieler Menschen ist monoton und wenig anregend – daß sie einen „Sinn" hat, erfahren sie dennoch daran, daß sie dafür einen Lohn erhalten. Wir brauchen die Bestätigung und Anerkennung durch unsere Mitmenschen, und das Gefühl vor uns selbst, unsere Tage nicht nutzlos zu verbringen.

Sinnvoll ist aber nicht nur berufliche Arbeit:

- Hobbybastler und Heimwerker können nicht nur die eigene Wohnung, das eigene Haus streichen, verschönern, instandhalten und ausbauen, sondern auch Freunden und Nachbarn dabei aushelfen. Wenn das notwendige Fachwissen fehlt, helfen

Kurse, Bücher und die Anleitung durch „fortgeschrittene" Freunde.

- Wer einen Teil seines Gartens umgestaltet oder einen Kleingarten pachtet, kann sich mit Gemüseanbau versuchen. Auch hier kann das fehlende Wissen teils durch Bücher, teils durch Erfahrungsaustausch ergänzt werden.
- Überlastete Mütter von Kleinkindern freuen sich über einen Ersatzopa oder eine Ersatzoma, Kinder und alte Leute in Krankenhäusern über einen Besuch.
- Es gibt viele Möglichkeiten sich zu engagieren: für eine Bürgerinitiative, für einen neuen Spielplatz, für Kontaktnachmittage.

Zwei Beispiele:

Herr Wolf ist begeisterter Aquarianer. Schon während seiner Berufstätigkeit hatte er ein großes Aquarium. Als er in Rente ging, richtete er noch einige Zuchtbecken ein. Stolz ist er auf seine Jungtiere; es ist ihm gelungen, auch einige als schwierig geltende Arten zur Fortpflanzung zu bringen.

Herr Wolf steht regelmäßig um 7.30 Uhr auf, frühstückt und widmet sich dann seinen Fischen. Bis er sie gefüttert, Wasserqualität geprüft, die notwendigen Reinigungsarbeiten und Beobachtungen durchgeführt hat, ist es meist 10 Uhr. Am Dienstag besucht er anschließend einen Holzbearbeitungskurs der Volkshochschule, der ihm großen Spaß macht. Jeweils mittwochs sind die Wolfs zum Mittagessen bei ihrer Tochter und nehmen anschließend den Enkelsohn mit, bei schönem Wetter zu einem Spaziergang, zum Abenteuerspielplatz oder einer Schiffahrt, sonst zum Spielen und Vorlesen nachhause. Am Donnerstagvormittag gehen Herr und Frau Wolf miteinander zum Einkaufen auf den Wochenmarkt. Für den Freitag haben sie sich vorgenommen, ihre Heimatstadt zu „entdecken": Sie besuchen eine Ausstellung, einen Park oder ein Museum oder nehmen an einer Führung teil. Auch öffentliche Ratssitzungen haben sie schon besucht.

Jeweils am Montagabend trifft sich Herr Wolf mit anderen Aquarianern zum Erfahrungsaustausch. Beibehalten hat er auch den Kegelabend am Freitag mit seinen ehemaligen Arbeitskollegen. Die Wochenenden sind Besuchs- und Ausflugstage.

Durch sein Hobby ist Herr Wolf auch auf die zunehmende Verschmutzung der Gewässer sowie die drohende Trockenlegung eines Feuchtgebietes aufmerksam geworden und hat sich spontan einer Bürgerinitiative angeschlossen. Die notwendigen Informationen hat er sich teils aus Büchern, teils in einem Vortragszyklus beschafft, so daß er an den Treffen mit viel Sachverstand diskutiert und sich an gemeinsamen Aktionen mit großem Engagement beteiligt.

Seine Woche ist so ausgefüllt, daß er sich manchmal fragt, wie er früher Zeit zum Arbeiten gefunden hat.

Herr Schwarz hat sich vorgenommen, sich von seiner Arbeitslosigkeit nicht aus der Bahn werfen zu lassen. Als erstes Ziel hat er sich gesetzt, seine Englischkenntnisse zu verbessern. Zweimal pro Woche besucht er einen Sprachkurs, regelmäßig hört er die englischen Nachrichten und jeden Mittwochmorgen trifft er sich mit einem Kollegen, um mit ihm englische Konversation zu üben. Obwohl beide arbeitslos sind, halten sie sich strikt an die vereinbarten Zeiten. Als Herr Schwarz merkte, daß seine körperliche Fitneß immer mehr nachließ, begann er zu joggen. Jetzt läuft er dreimal pro Woche morgens um 8 Uhr seine 9 Kilometer lange Joggingstrecke. Immer öfter nimmt er auch an Langstreckenrennen teil.

Als reiner Neugier ging er einmal an eine Veranstaltung der Partei, die er gewählt hatte. Er mußte sich überwinden, sich zu Wort zu melden – aber eine Bemerkung über Arbeitslose konnte er einfach nicht unwidersprochen lassen. Mittlerweile ist er der Partei beigetreten und arbeitet in einem Ausschuß über Probleme der Arbeitslosigkeit mit.

Selbstbefragung

Bin ich zufrieden mit meiner Tageseinteilung?

O ja O nein

falls nein: welche Bedürfnisse kommen zu kurz?

O fehlende Zeitstruktur

O zuwenig Kontakt außerhalb der Familie

O keine sinnvolle Tätigkeit

Welche Möglichkeiten gibt es für mich, diese Bedürfnisse vermehrt zu berücksichtigen?

....

....

Hinweise zu den Fallbeispielen von Seite 145/6

	Hauptproblem	Ratschläge
Frl. Schneider	– keine klare Trennung zwischen Arbeit und Freizeit – Anfangsschwierigkeiten	Festlegen der Arbeitszeiten ausgehend vom eigenen Tagesrhythmus evtl. Führen von Tagesrapporten
Herr Schmitz	– Fehlende Zeitstruktur – keine sinnvolle Tätigkeit	eigene Ziele setzen Zeit strukturieren durch Weiterbildung, Sport, Engagement
Herr Schulz	– zu einseitige Ausrichtung auf den Beruf – keine eigenen Interessen	Wiederentdecken früherer Hobbies und Interessen Suche nach neuen Kontakten
ich selbst		

Schlußwort

Über das Problem Zeit ließen sich viele Bücher füllen, dicke Ratgeber für jeden der hier nur kurz angesprochenen Problembereiche. Kein Buch kann aber das eigene Nachdenken ersetzen. Jeder muß die Entscheidung, wie er seine Zeit verbringen will, selbst treffen. Ein Buch kann nur dazu anregen, darüber – und damit über sein Leben und seine Ziele – nachzudenken und seine Zeit bewußter zu gestalten.

Dazu gehört nicht unbedingt ein ausgeklügelter Zeit- oder Stundenplan, auch wenn es beim Durchblättern des Buches teilweise so aussehen mag. Wichtig ist letztlich nur die Frage, wie wir unsere Ziele und Möglichkeiten besser in Einklang bringen können.

Jede Umstellung ist unbequem. Außerdem lassen sich die anderen ja auch nur treiben. Wir können diesen Gedanken nachgeben – oder uns an unser Unbehagen erinnern. Die Energie, wirklich etwas zu ändern, und der Wille zum Durchhalten können nur aus der Einsicht kommen, daß es um uns selbst, um unsere Bedürfnisse und unsere Zufriedenheit geht.

Verzeichnis der verwendeten und weiterführenden Literatur

Anastasi, Anne: Angewandte Psychologie. Aus dem Amerikanischen übertragen von Wolfgang Strehse. Weinheim: Beltz 1973.

Baddeley, Alan D.: Die Psychologie des Gedächtnisses. Aus dem Englischen übersetzt von Gerhard Deffner. Stuttgart: Klett-Cotta 1979.

Becker-Carus, Christian: Grundriß der Physiologischen Psychologie. Heidelberg: Quelle & Meyer, 1981.

Borchert, Manfred; Derichs-Kunstmann, Karin & Hamann Margret (Hrsg.): Un-Ruhestand; Bewußt Älterwerden / Aktiv im Alter. Reinbek: Rowohlt 1980.

Burka, Jane B. & Yuen, Lenora M.: Warum wir die Arbeit auf die lange Bank schieben. In: psychologie heute 1/83.

Commer, Heinz: Die Unersetzlichen. Handbuch für Gehaltsempfänger. Hamburg: Hoffmann und Campe 1972.

Cooper, Cary L.: Streßbewältigung; Person, Familie, Beruf. Aus dem Amerikanischen übersetzt von Astrid Gessert und Jürgen Schneeweiß. München, Wien, Baltimore: Urban & Schwarzenberg 1981.

Dogs, Wilfried: Der gesteuerte Schlaf; Ein Lernbuch für Interkontinentalflieger, Geschäftsreisende und Touristen, für Schichtarbeiter und Schlafgestörte. Duisburg: Walter Braun Verlag 1977.

Drucker, Peter F.: The Effective Executive. Management Series, Pan Books Ltd. London: 1966.

Edholm, O.G.: Probleme der Arbeitswissenschaft; Eine Einführung in die Ergonomie. Aus dem Englischen von Gudrun Theusner-Stampa. München: Kindler Verlag 1967.

Ernst, Heiko: Mit Volldampf in den Herzinfarkt. In: psychologie heute 12/80.

Foppa, Klaus: Lernen, Gedächtnis, Verhalten; Ergebnisse und Probleme der Lernpsychologie. Köln: 1965.

Goudsmit, Samuel, Claiborne, Robert und Redaktion von LIFE: Die Zeit. TIME – Life International. Nederland: 1967.

Grandjean, Etienne: Physiologische Arbeitsgestaltung. Thun, München: Ott Verlag 1963.

Gross, Günter F.: Chefentlastung; Grundsätze und Techniken. München: Verlag Moderne Industrie, 7. Auflage 1971.

Günther, Maren, Heinze, Renate & Schott, Franz: Konzentriert arbeiten – gezielt studieren. München, Wien, Baltimore: Urban & Schwarzenberg 1977.
Jahoda, Marie: Wieviel Arbeit braucht der Mensch? Arbeit und Arbeitslosigkeit im 20. Jahrhundert. Weinheim, Basel: Beltz 1983.
Kirschner, Josef: Die Kunst, ohne Überfluß glücklich zu leben. Locarno: Droemer Knaur Verlag 1980.
Kölsch, Jochen, Veit, Barbara: Die sanfte Revolution; Von der Notwendigkeit anders zu leben. München: Bertelsmann 1981.
Mackenzie, R. Alec: Die Zeitfalle; Sinnvolle Zeiteinteilung und Zeitnutzung. Deutsche Übersetzung von Ursel Reineke. Heidelberg: Sauer, 5. Auflage 1981.
Mohl, Hans: 7 Erfolgsprogramme für die Gesundheit. Düsseldorf, Wien: Econ Verlag 1975.
Müller-Kaldenberg, Rieke: Mütter mit Beruf. rororo 7418
Oesch, Emil: „Die Kunst, Zeit zu haben". Emil Oesch Verlag, Thalwil-Zürich
Peter, Laurence J. & Hull, Raymond: Das Peter Prinzip oder Die Hierarchie der Unfähigen. Deutsch von Michael Jungblut. Reinbek: Rowohlt 1970.
Priestley, John B.: Man and Time. London: Aldus Books 1964.
Rubinstein, Hilary: Das Kopfkissenbuch für Schlaflose. Deutsch von Jürgen Abel. Reinbek: Rowohlt 1976.
Scheuch, Erwin K. und Meyersohn, Rolf (Hrsg.): Soziologie der Freizeit. Köln: Kiepenheuer & Witsch 1972.
Schräder-Naef, Regula: Rationeller Lernen lernen; Ratschläge und Übungen für alle Wißbegierigen. Weinheim, Basel: Beltz, 12. Auflage 1983.
Schuster, Karl: Arbeitstechniken Deutsch; Für die Sekundarstufe 2 und das Studium. Bamberg: C.C. Buchners Verlag 1980.
Seiwert, Lothar: „Mehr Zeit für das Wesentliche". Verlag moderne Industrie, Landsberg am Lech, 1984.
Soziologie der Freizeit: Hrsg. von Erwin Scheuch und Rolf Meyersohn. Köln: Kiepenheuer & Witsch 1972.
Stein, Mark L.: Der Zeitfaktor; Laß die Zeit für Dich arbeiten. Aus dem Amerikanischen übersetzt von Hans Ties-Lehmann. Frankfurt/M.: Ullstein 1979.
Taschenbuch Mensch und Arbeit; Für Führungskräfte im Betrieb. Hrsg. vom Institut Mensch und Arbeit. München: Ausgabe 1974/75.
Technology and Innovation in Education; Putting Educational Technology to Work in America's Schools. Prepared by the Aerospace Education Foundation. New York: 1968.
Vester, Frederic: Denken, Lernen, Vergessen; Was geht in unserem Kopf vor, wie lernt das Gehirn und wann läßt es uns im Stich. Stuttgart: Deutsche Verlags-Anstalt 1975.
Vester, Frederic: Phänomen Streß; Wo liegt sein Ursprung, warum ist er

lebenswichtig, wodurch ist er entartet? Stuttgart: Deutsche Verlags-Anstalt 1976.
Weber, Max: Die protestantische Ethik; Eine Aufsatzsammlung. Hrsg. von Johannes Winckelmann. München, Hamburg: Siebenstern Taschenbuch Verlag, 2. Auflage 1969.
Weilenmann, Gottfried: Arbeitstechnik im Büro; Wege zum persönlichen Leistungserfolg. Taylorix-Wirtschafts-Taschenbücher für Betriebspraxis und Berufserfolg, Band 22. Stuttgart: 1972.
Wendorff, Rudolf: Zeit und Kultur; Geschichte des Zeitbewußtseins in Europa. Wiesbaden: Westdeutscher Verlag Opladen 1980.
Zimmer, Dieter E.: Schlaf, der sanfte Tyrann. ZEIT-Magazin 13–16/1983.